Dr. Kristof Biehl

Grundlagen des Insolvenzrechts

Dr. Kristof Biehl ist Rechtsanwalt, Fachanwalt für Insolvenzrecht und Insolvenzverwalter in Potsdam

COPYRIGHT: Richter-Verlag
Hans-Peter Richter
Paul-Schroeder-Straße 18
24229 Dänischenhagen
Tel. 04349-1725
Fax 04349-571
e-mail: RICHTER-VERLAG@t-online.de
Website: www.Richter-Verlag.de

Druck und Verarbeitung: Druckerei Schmidt & Klaunig, Kiel

Weitere Bücher dieser Reihe sind erhältlich über den Buchhandel oder direkt vom Verlag.

4. Auflage 2010

ISBN 978-3-935150-57-6

Inhaltsverzeichnis

A. Das Eröffnungsverfahren

I. Zulässigkeitsvoraussetzungen für die Eröffnung des Insolvenzverfahrens

1. Antragserfordernis, § 13 Abs. 1 S. 1 InsO

Antragsberechtigt sind: - der Schuldner, § 13 Abs. 1 S. 2 InsO
(sog. **Eigenantrag**)
- Insolvenzgläubiger, § 13 Abs. 1 S. 2, 14 InsO

Es existiert bei natürlichen Personen im Gegensatz zu allen juristischen Personen **keine Antragspflicht.**

Die Antragspflicht gem. § 15 a InsO gilt seit 1.11.2008 nur für juristische Personen.

Im Falle der Nachlassinsolvenz sind die Erben (vgl. § 1980 BGB), der Nachlassverwalter (vgl. § 1985 Abs. 2 S. 2 BGB) und der Testamentsvollstrecker (§ 2219 Abs. 1 BGB) antragspflichtig, vgl. § 317 InsO.

2. Allgemeine Zulässigkeitsvoraussetzungen

a) sachliche Zuständigkeit

Grundsatz: Ein **Amts**gericht in einem Landgerichtsbezirk ist ausschließlich für alle Insolvenzsachen des **gesamten** Landgerichtsbezirks zuständig, § 2 Abs. 1 InsO. Landesrechtliche Verordnungen dürfen Abweichendes regeln.

b) örtliche Zuständigkeit

Grundsätzlich zuständig ist das Amtsgericht als Insolvenzgericht, in dessen Bezirk der Insolvenzschuldner den **Mittelpunkt** seiner selbstständigen Tätigkeit hat, § 3 Abs. 1 InsO.

Im Zweifel ist das Gericht zuständig, in dessen Bezirk der Insolvenzschuldner seinen allgemeinen Gerichtsstand hat, § 3 Abs. 1 InsO. Das gilt für alle Verbraucherinsolvenzverfahren.

c) Rechtsschutzinteresse

Wichtig bei Insolvenzantrag eines **Gläubigers**: er muss darstellen, dass eine einfachere und zweckmäßigere Forderungsberichtigung für ihn nicht in Betracht kommt, § 14 Abs. 1 InsO.

3. Eröffnungsgründe, § 16 InsO

Zwingend muss ein Eröffnungsgrund der §§ 16 bis 19 InsO vorliegen.

a) allgemeiner Eröffnungsgrund = Zahlungsunfähigkeit, § 17 Abs. 1 InsO

Der Schuldner ist länger als nur vorübergehend nicht in der Lage, fällige Zahlungspflichten zu erfüllen, § 17 Abs. 2 S. 1 InsO. Bei Zahlungseinstellung kann Zahlungsunfähigkeit beim Schuldner vermutet werden, " 17 Abs. 2 S. 2 InsO. Zahlungsunfähigkeit ist von der Zahlungsstockung, also einem nicht länger als zwei bis drei Wochen andauernden Geldmangel, der umgehend behoben werden kann, zu unterscheiden.

b) Drohende Zahlungsunfähigkeit, § 18 Abs. 2 InsO

Der Schuldner wird voraussichtlich nicht in der Lage sein, Forderungen zum Zeitpunkt ihrer Fälligkeit zu erfüllen. Nur der Insolvenzschuldner selbst kann diesen Antragsgrund geltend machen, § 18 Abs. 1 InsO.

c) Überschuldung, § 19 Abs. 2 InsO

Bei einer juristische Person oder Gesellschaft ohne Rechtspersönlichkeit liegt dann Überschuldung vor, wenn das Vermögen die Verbindlichkeiten nicht mehr deckt, § 19 Abs. 2 S. 1 InsO. Feststellung erfolgt mittels einer Überschuldungsbilanz, in der Aktiva und Passiva in drei Stufen gegenübergestellt werden. **Bei natürlichen Personen ist die Überschuldung kein Eröffnungsgrund.**

4. Glaubhaftmachung (nur bei Gläubigerantrag); § 14 InsO

Gläubiger müssen bei Antragstellung den Bestand ihrer Forderung und den Insolvenzgrund glaubhaft machen, § 14 InsO. Hierfür gilt Glaubhaftmachung nach § 14 InsO i. V. m. § 294 ZPO. Nur wenn Schuldner die Forderung bestreitet und die Forderung allein den Insolvenzgrund darstellt, muss (nur) der Forderungsbestand voll bewiesen werden.

II. Begründetheit des Insolvenzantrages

Sofern der Insolvenzantrag zulässig ist, prüft das Insolvenzgericht von Amts wegen die Begründetheit des Insolvenzantrags, § 5 Abs. 1 S.1 InsO. Hierbei wird überprüft, ob der angegebene Insolvenzgrund tatsächlich gegeben ist.

Der Antrag wäre zudem unbegründet, wenn der Insolvenzeröffnung Hindernisse im Wege stehen. Wichtigster Hinderungsgrund, dass eine die Kosten deckende Masse nicht vorhanden ist, § 26 Abs. 1 S. 1 InsO.

Verfahrenskosten sind:

- Gerichtskosten für das Insolvenzverfahren, § 54 Nr. 1 InsO
- die Vergütung und die Auslagen
    * des vorläufigen Insolvenzverwalters,
    * des Insolvenzverwalters und
    * der Mitglieder des Gläubigerausschusses, § 54 Nr. 2 InsO.

In der Regel prüft das Insolvenzgericht mittels Einholung eines Sachverständigengutachtens, ob die Kosten des gesamten Verfahrens gedeckt sind und stellt dabei auf den bei der Verwertung des Masse zu erzielenden Erlös ab.

III. Stundung der Verfahrenskosten

Das Verfahren wird bei natürlichen Verfahren (anders als bei Gesellschaften) aber nicht abgewiesen, wenn

- ein Kostenvorschuss zur Deckung der voraussichtlichen Kosten des Verfahrens geleistet wurde, § 26 Abs.1 S.2 InsO oder

- wenn die Kosten des Verfahren gem. § 4a InsO **gestundet** werden

Stundung wird für **alle natürlichen Personen** (Verbraucher wie Selbständige) gewährt. Grund ist, dass der Gesetzgeber jedem die Möglichkeit geben will, in den Genuss der Restschuldbefreiung zu kommen. Sie kann später gem. § 4 c InsO widerrufen werden.

InsO § 4 c Nr. 5, 295 I Nr. 3

1. Die Stundung kann entsprechend § 4 c Nr. 5 InsO auch während des Laufs der Wohlverhaltensphase aufgehoben werden, wenn Gründe vorliegen, die zur Versagung oder zum Widerruf der Restschuldbefreiung führen können.

2. Dass dem Schuldner die Restschuldbefreiung bereits versagt worden ist, wird in eindeutigen Versagungsfällen analog der Rechtssprechung des BGH zur Versagung der Restschuldbefreiung zu Beginn des Verfahrens bei „zweifelsfrei feststehenden Versagungsgründen nicht vorausgesetzt.

3. Der Versagungsgrund des § 295 I Nr. 3 InsO liegt zweifelsfrei vor, wenn der Schuldner entgegen seiner im Gesetz festgelegten Verpflichtung dem Insolvenzgericht nicht unverzüglich angezeigt hat, dass er einer Beschäftigung nachgeht.

LG Göttingen, Beschl. v. 26. 9. 2007 – 10 T 120/07, NZI 2008, 54 (= ZInsO 2007, 1159 = Rechtsprechungsübersicht von Dahl/Sternal, Beilage zu NZI Heft 4/2008, 33); Nach dem LG Mönchengladbach, NZI 2006, 539, ist die Stundung der Verfahrenskosten vor Versagung der Restschuldbefreiung nicht aufzuheben.

Rechtsfolgen: Wird der Insolvenzantrag **mangels Masse abgewiesen**, werden die AG, die KG a.A. und die GmbH im Zeitpunkt der Rechtskraft des Abweisungsbeschlusses aufgelöst (§§ 131 Abs.1 Nr.3, Abs.2 Nr. 2 HGB, 262 Abs.1 Nr.4 AktG, 60 Abs.1 Nr.5 GmbHG). Handelt es sich beim Schuldner um eine natürliche Person, trägt ihn das Insolvenzgericht in ein Schuldnerverzeichnis ein, § 26 Abs. 2 InsO.

IV. Entscheidung über den Eröffnungsantrag

Sind die Zulässigkeitsvoraussetzungen erfüllt, liegt ein Eröffnungsgrund nach Überzeugung des Gerichts vor und stehen dem Verfahren keine Hinderungsgründe im Wege, so eröffnet der Richter (§ 18 Abs.1 Nr.1 RPflG) das Verfahren durch einen Eröffnungsbeschluss. Der Beschluss muss Stunde und Minute der Eröffnung benennen, § 27 Abs.2 Nr.3 InsO. Der Eröffnungsbeschluss stellt einen "Globaltitel" dar: Der Schuldner hat alle zur Insolvenzmasse gehörenden Gegenstände herauszugeben, § 794 Abs.1 Nr.3 ZPO i.V.m. § 148 Abs.2 InsO.

***Exkurs:* Sicherungsmaßnahmen im vorläufigen Insolvenzverfahren, §§ 21 ff. InsO**

Zwischen dem eingereichten Insolvenzantrag und dem Erlass des Eröffnungsbeschlusses kann viel Zeit vergehen. In diesem Zeitraum muss die beim Schuldner noch vorhandene Masse geschützt werden. Das Insolvenzgericht muss von Amts wegen Maßnahmen treffen, um einer nachteiligen Veränderung der Vermögenslage vorzubeugen, § 21 Abs.1 InsO. Die wesentlichen Maßnahmen sind:

1. Das Allgemeine Verfügungsverbot, § 21 Abs.2 Nr.2 InsO

Dem Schuldner ist es dann entweder prinzipiell verboten über alle Gegenstände, die im Falle der Verfahrenseröffnung zur Masse zählen würden zu verfügen, was auch für nach Verbotserlass für hinzu erworbene Gegenstände gilt. Oder aber solche Verfügungen sind nur mit Zustimmung eines vorläufigen Insolvenzverwalters wirksam, der dann als weitere Sicherungsmaßnahme zu bestellen wäre. Nach herrschender Meinung wird ein allgemeines Verfügungsverbot im Zeitpunkt seines Erlasses wirksam. Jede Verfügung, die der Schuldner nach dem Verbotsausspruch tätigt ist absolut unwirksam, §§ 24 Abs.1 i.V.m. 81, 82 InsO. Gutgläubige werden durch das Gesetz geschützt, nämlich, wer in Unkenntnis des Verbots auf das Grundbuch vertraut durch § 81 InsO oder an den Schuldner leistet durch § 82 InsO. Ein Verfügungsverbot ist rasch zu veröffentlichen, dem Schuldner und dessen Schuldnern zuzustellen und ggf. im Grundbuch oder Register (Handels- oder Vereinsregister) einzutragen, § 23 InsO.

2. Bestellung eines vorläufigen Insolvenzverwalters, § 21 Abs.2 Nr.1 InsO

Die rechtliche Stellung eines vorläufigen Verwalters gleicht im Hinblick auf seine Bestellung, Entlassung, Haftung und der gerichtlichen Aufsicht der eines Insolvenzverwalters, §§ 21 Abs.2 Nr.1 i.V.m. 56, 58-66 InsO). Der vorläufige Insolvenzverwalter ist stets be-

rechtigt, die Räume des Schuldners zu betreten, dort Nachforschungen anzustellen und Geschäftsunterlagen einzusehen, der Schuldner hat ihm alle notwendigen Auskünfte zu erteilen, §§ 22 Abs.3 S.3, 97 InsO. Bei Verweigerung kann der Schuldner notfalls inhaftiert werden, §§ 22 Abs.3 S.3, 98 InsO.

Ob der vorläufige Insolvenzverwalter weitere Befugnisse hat, hängt von der Kombination mit anderen Sicherungsmaßnahmen ab:

a) Vorläufiger Verwalter mit Verfügungsmacht

Das Insolvenzgericht erlässt in diesem Fall sowohl ein allgemeines Verfügungsverbot und setzt auch einen vorläufigen Insolvenzverwalter ein (sog. "starker Verwalter") → Regelfall.

***Rechtsfolge**: Schon vor Eröffnung des Insolvenzverfahrens wird die Verwaltungs- und Verfügungsbefugnis über das Vermögen des Schuldners auf den vorläufigen Insolvenzverwalter übertragen, § 22 Abs.1 S.1 InsO. Dieser hat das Schuldnervermögen zu sichern und zu erhalten, ggf. das schuldnerische Unternehmen fortzuführen und zu prüfen, ob das Vermögen des Schuldners die Verfahrenskosten decken wird, § 22 Abs.1 S.2 Nr.1-3 InsO. Er hat weiterhin das Recht, anhängige Rechtsstreitigkeiten des Schuldners aufzunehmen, §§ 24 Abs. 2 i.V.m. 85 Abs.1 S.1, 86 InsO. Verbindlichkeiten, die der vorläufige Verwalter hier begründet, werden später zu den Masseschulden gezählt, sofern das Verfahren eröffnet wird, § 55 Abs. 2 InsO. Bei unzureichender Masse droht dem vorläufigen Verwalter aber die persönliche Haftung gem. §§ 21 Abs.2 Nr.1, 61 InsO.*

b) Vorläufiger Verwalter ohne Verfügungsmacht

Setzt das Insolvenzgericht einen vorläufigen Insolvenzverwalter ohne Verhängung eines allgemeinen Verfügungsverbots ein, so ist der vorläufige Insolvenzverwalter lediglich "Berater" des Schuldners mit den o.a. Rechten ("schwacher Verwalter", früher: "Sequester"). Weitergehende Rechte und Pflichten kann das Gericht bei seiner Ernennung bestimmen.

3. Untersagung / einstweilige Einstellung der Zwangsvollstreckung, § 21 Abs.2 Nr. 3 InsO

Das Insolvenzgericht kann bereits vor Erlass des Eröffnungsbeschlusses die Einzelzwangsvollstreckung gegen den Schuldner untersagen oder einstweilen einstellen, soweit bewegliche Gegenstände betroffen sind. Nach Wirksamwerden dieses Beschlusses vorgenommene Vollstreckungsmaßnahmen sind mittels der Vollstreckungserinnerung gem. § 766 ZPO anfechtbar. Sollte später keine Verfahrenseröffnung erfolgen, muss das Insolvenzgericht durch gesonderten Beschluss aussprechen, dass diese Vollstreckungsschutzmaßnahme aufgehoben wird. Im Falle der Eröffnung wird der Beschluss durch die gesetzliche Regelung des § 89 InsO ersetzt.

4. Weitere Sicherungsmaßnahmen

Weitere Sicherungsmaßnahmen sind die vorläufige Postsperre, § 21 Abs.2 Nr.4 InsO und die Generalklausel des § 21 Abs.1 InsO erlaubt weitere sinnvolle Maßnahmen des Gerichts, wie z.B. die Beschlagnahme von Geschäftsunterlagen, eine Kontosperre oder die Inhaftierung des Schuldner (§ 21 Abs.3 InsO.

V. Rechtsmittel gegen den Beschluss am Ende des Eröffnungsverfahrens

1. Die Eröffnung des Insolvenzverfahrens wird abgewiesen

Nur der Antragsteller kann Beschwerde gem. § 34 Abs.1 InsO beim Landgericht in einer 2-Wochen-Frist ab Beschlusszustellung (§ 577 Abs.2 ZPO) einlegen. Im Falle der Aufhebung des AG-Beschlusses kann das Landgericht das Insolvenzverfahren eröffnen und die sofortige Wirksamkeit des Beschlusses anordnen, § 6 Abs.3 S.2InsO.

2. Die Eröffnung wird mangels Masse abgewiesen

Dem Schuldner steht die sofortige Beschwerde zu.

Achtung Gläubigertipp: Unzulässigkeit des Gläubigerantrags bei vollständiger Sicherung der Forderung (BGH, Beschluss vom 29.10.2007- IX ZB 12/07)

- Unzulässigkeit des Gläubigerantrags bei vollständiger Sicherung der Forderung (BGH,Beschluss vom 29.10.2007- IX ZB 12/07)

- Teilnahme von absonderungsberechtigten Gläubigern nur mit Ausfall oder Verzicht auf Absonderung (§ 52 InsO)
  - Keine Eröffnung des Insolvenzverfahrens wegen einer Forderung, die auch ohne Eröffnung des Insolvenzverfahrens voll befriedigt werden kann
  - Ausnutzung einer rein formalen Stellung als Insolvenzgläubiger rechtfertigt Verfahrenseröffnung nicht

- Einrede der Verjährung bei Gläubigerantrag (BGH, ZInsO 2007, 604)

- Unzulänglichkeit der Glaubhaftmachung bei Abhängigkeit des Insolvenzgrundes von nicht titulierter bestrittener Forderung
  - Feststellung des Insolvenzgrundes zur Überzeugung des Gerichts
- Keine Klärung rechtlich oder tatsächlich zweifelhafter Forderungen durch Insolvenzgericht
  - Erheblichkeit der Verjährungseinrede im Eröffnungsverfahren
- Verweisung des Gläubigers auf den Prozessweg
  - Entscheidung des Prozessgerichts über Verjährung
- Unzulässigkeit der Aussetzung des Eröffnungsverfahrens nach § 148 ZPO wegen Eilbedürfnis

- Feststellung der Zahlungsunfähigkeit (BGH, ZInsO 2007,939)

- Zeitpunkt der Fälligkeit im insolvenzrechtlichen Sinne: Fälligkeit tritt ein, wenn aufgrund einer Handlung des Gläubigers der Wille feststeht, vom Schuldner Erfüllung zu verlangen.
- Unterschiedliche Fälligkeitsbegriffe Zivilrecht/Insolvenzrecht
- Rückkehr zum „ernsthaften Einfordern“
  - Keine Aufgabe durch den Gesetzgeber
  - Anders BGH, ZInsO 2007, 1115 zur Strafbarkeit des GmbH-Geschäftführers!!!!

- Erstellung der Liquiditätsbilanz

- Feststellung der liquiden Mittel
  - Einstellung der aktuelle verfügbaren liquiden Mittel und kurzfristig verwertbaren Vermögensbestandteilen
  - Keine Berücksichtigung nach Eröffnung aus anfechtbaren Rechtshandlungen zu erwartenden Zahlungen
- I.d.R. bei Unterdeckung von 10 % und mehr Zahlungsfähigkeit (BGHZ 163,134)

- Vorraussetzungen für den Erlass von Sicherungsmaßnahmen (BGH, ZInsO 2007, 440)

- Grds. Erlass erst nach Feststellung der Zulässigkeit des Antrags
- Anordnung vorläufiger Verwaltung bei zweifelhaftem Gerichtsstand vor Klärung der Zulässigkeit möglich
  - Behauptung zurückliegender Wohnsitzverlegung ins Ausland
  - Nicht sicher zu verneinende Zulässigkeitsvermutung bei obstruktivem Schuldnerverhalten ausreichend

B. Weiterer Verfahrensverlauf in Übersichten

I. Erste Tätigkeit des Insolvenzverwalters im Überblick

Der Insolvenzverwalter nimmt das gesamte Schuldnervermögen in Beschlag und verwaltet es (§§ 80, 148 InsO). Es folgt die Verwertung und Abwicklung der Masse (§ 35 InsO) und der Haftungsverhältnisse (insb. §§ 103 ff. InsO)

↓

Er legt verschiedene Verzeichnisse über die zur Masse gehörigen Gegenstände (§ 151 InsO), über die Gläubiger (§ 152 InsO) und über die Aktiva und Passiva der Masse (§ 153 InsO) an.

↓

Der Insolvenzverwalter führt die Forderungstabelle gem. § 174 InsO, prüft die angemeldeten Forderungen und reicht Sie beim Insolvenzgericht ein.

↓

Der Verwalter erstattet der Gläubigerversammlung Bericht (Berichtstermin, § 156 InsO) bevor er verwertet gem. § 159 InsO

II. Das Regelinsolvenzverfahren

Eröffnungsgrund, §§ 16 ff. InsO

↓

Antrag des ***Insolvenzschuldners*** oder eines ***Insolvenzgläubigers***, § 13 Abs.1

↓

Eröffnungsverfahren:
Insolvenzgericht prüft allgemeine Eröffnungsvoraussetzungen und evtl. Sicherungsanordnungen;
Einsetzung d. *vorl. Insolvenzverwalters*, §§ 21 ff. InsO

↓

Zurückweisung d unzulässigen Antrages

Eröffnungsbeschluss u Einsetzung ***Insolvenzverwalters***; § 27 InsO, ggf. eines ***Gläubigerausschusses***, § 67 Abs. 1 InsO

Abweisung mangels Masse, § 26 Abs. 1 InsO

↓

Aufgrund der Beschlagswirkung **verwaltet, prüft und bilanziert** der ***Insolvenzverwalter*** **die Masse.**

↓

Prüfungstermin (§ 29 Abs. 1 Nr. 2, 176 ff. InsO): ***Gläubigerversammlung*** prüft die angemeldeten Forderungen.

Berichtstermin, § 29 Abs. 1 Nr. 1, 156 InsO): ***Gläubigerversammlung*** entscheidet über das Verfahrensziel: Einsetzung oder Beibehaltung eines ***Gläubigerausschusses***, § 68 Satz 1 InsO InsO

↓

<u>Sanierung /Fortführung</u>, z.B. aufgrund eines Insolvenzplans, §§ 217 ff. InsO oder **Verwertung**, die kraft der Verfügungsgewalt des Insolvenzverwalters erfolgt, § 80 Abs. 1 InsO.

↓

(Teilweise) Befriedigung nach Maßgabe des gesetzlichen **Verteilungsverfahrens**, §§ 187 ff. InsO oder aufgrund eines **Insolvenzplans**, vgl. § 217 InsO

↓

Schlusstermin, § 197 InsO und Aufhebung des Verfahrens durch Gerichtsbeschluß, § 200 InsO.

Im Berichtstermin (§§ 156 ff. InsO) legt der Verwalter zunächst den **Lagebericht** vor, ehe die Gläubiger entscheiden, ob das Unternehmen des Schuldners stillgelegt (dann fängt der Insolvenzverwalter mit der **Verwertung** (=Liquidation) des Unternehmens an) oder vorläufig **fortgeführt** wird oder ob der Insolvenzverwalter mit der Ausarbeitung eines **Insolvenzplans** beauftragt wird, der insbesondere die **Sanierung des Unternehmens** möglich macht, § 157 InsO.

Im Prüfungstermin werden die Forderungen der Gläubiger, die im vorgelagerten Feststellungsverfahren gem. § 174 Abs. 1 InsO beim Insolvenzverwalter zur **Tabelle schriftlich anzumelden sind**, geprüft, § 176 InsO. Die hier angemeldeten Forderungen können dann im Termin vom Verwalter oder vom Insolvenzschuldner oder von den Insolvenzgläubigern **bestritten** werden, § 176 Satz 2 InsO. Bestrittene Forderungen können gleichwohl bei der Erlösverteilung berücksichtigt werden, wenn derjenige, dessen Forderung bestritten worden ist, erfolgreich einen **Feststellungsprozess gegen den Bestreitenden** anstrengt, § 179 Abs. 1 InsO. Wenn allerdings derjenige, dessen Forderung bestritten worden ist, bereits einen **vollstreckbaren Titel** für seine Forderung innehält, kann er die **Klage des Bestreitenden (= Widersprechenden)** abwarten, § 179 Abs. 2 InsO.

> ***Bsp.:*** *Der Insolvenzgläubiger IG hat vor Eröffnung des Insolvenzverfahrens gegen den Insolvenzschuldner Klage auf Zahlung eines Kaufpreises von 132.000,- € erhoben. Dieses Verfahren ist aufgrund der Eröffnung des Insolvenzverfahrens zunächst* ***gem. § 240 ZPO unterbrochen*** *worden.*
>
> *Nun kann IG den Prozess gegen den Insolvenzverwalter als gesetzlichem Prozessstandschafter des Insolvenzschuldners aufnehmen, wenn dieser der Forderung im Prüfungstermin widerspricht. Hat der Insolvenzschuldner widersprochen, so kann der IG den Prozess ebenfalls gegen den Insolvenzschuldner fortführen. Er kann den Prozess jedoch auch gegen einen anderen Insolvenzgläubiger aufnehmen, sofern ein anderer Insolvenzgläubiger seiner Forderung widersprochen hat.*

Die **rechtskräftige Entscheidung über das Feststellungsbegehren** bindet nicht nur die Prozessparteien, sondern auch den Insolvenzverwalter und alle Insolvenzgläubiger (§ 183 Abs. 1 InsO). Die obsiegende Partei kann auf der Grundlage des Urteils beim Insolvenzgericht **die Berichtigung der Forderungstabelle** beantragen (§ 183 Abs. 2 InsO). Hat der anmeldende Insolvenzgläubiger obsiegt, wird in der Tabelle vermerkt, dass der Widerspruch beseitigt und die Forderung damit festgestellt ist (vgl. § 178 Abs. 1 Satz 1 InsO). Der Insolvenzgläubiger nimmt jetzt mit dieser Forderung an der Verteilung der Insolvenzmasse teil. Hat der Widersprechende gewonnen, so wird in der Tabelle vermerkt, dass die Feststellungsklage abgewiesen worden und der Widerspruch damit begründet ist. Der für diesen Forderungsbetrag zurückbehaltene Erlösanteil kommt dann den Insolvenzgläubigern insgesamt zugute.

Gewöhnlich werden **Berichts- und Prüfungstermin vom Insolvenzgericht verbunden**, um eine schnellere Durchführung des Verfahrens möglich zu machen.

Noch während der Verwertung des Schuldnervermögens beginnt das **Verteilungsverfahren**, §§ 187 ff. InsO. Sofern nach dem Prüfungstermin Forderungen der Insolvenzgläubiger gem. § 178 InsO vom Insolvenzgericht in die **Tabelle** eingetragen und **festgestellt** wurden, werden auf diese Forderung Zahlungen geleistet. Sofern Forderungen jedoch im Prüfungstermin bestritten wurden und hiergegen von den betroffenen Insolvenzgläubigern Klage auf Feststellung der Forderung zur Tabelle erhoben wurde, werden entsprechende Zahlungen bis zum Ende des Verfahrens **hinterlegt**, § 189 Abs. 2 InsO. Nach Abschluss der **Schlussverteilung** wird ein **Schlusstermin** (§ 197 InsO) abgehalten, dem sich die **Aufhebung des Insolvenzverfahrens** anschließt (§ 200 InsO).

§ 201 InsO bestimmt, dass grundsätzlich die nicht befriedigten Forderungen der Insolvenzgläubiger, also die Differenz zwischen Forderung und Insolvenzquote, als vollwertige Forderungen unbeschränkt bestehen bleiben (sog. **Recht der freien Nachforderung**). Der **Tabellenauszug** (§ 178 InsO s.o.) steht insofern einem **Vollstreckungstitel** zugunsten des Insolvenzgläubigers gleich, § 201 Abs. 2 Satz 1 InsO. Diesem Recht der freien Nachforderung kann der Insolvenzschuldner entgehen, wenn er die **Restschuldbefreiung** beantragt hat, § 287 Abs. 1 InsO und diese nach dem Schlusstermin gem. § 291 InsO angekündigt wird. Denn Zwangsvollstreckungen der Insolvenzgläubiger sind während der Wohlverhaltensperiode von derzeit 6 Jahren nicht zulässig, § 294 Abs. 1 InsO.

Im Schlusstermin hört das Gericht die Insolvenzgläubiger und den Verwalter an, bevor es die **Restschuldbefreiung** ankündigt oder versagt, §§ 289 ff. InsO. (siehe unten)

C. Das Insolvenzgericht

Das Gericht **überwacht das gesamte Insolvenzverfahren**, insbesondere den Insolvenzverwalter. **Es gehört nicht zu den Verfahrensbeteiligten**, da es allein Verfahrensaufgaben wahrnimmt. Nicht wirtschaftliche Überlegungen, sondern die rechtliche Einfassung des Verfahrens, in die mitunter aber auch wirtschaftliche Gesichtspunkte hineinspielen (z.B. die Untersagungsbefugnis von bedeutsamen Rechtshandlungen des Verwalters, § 161 S. 2 InsO und Zustimmung zur Unternehmensstilllegung, § 22 Abs. 1 Nr. 2 InsO), ist Aufgabe des Gerichts.

I. Aufgaben des Insolvenzgerichts

Aufgaben des Insolvenzgerichts während des Verfahrens sind insbesondere

- die **Aufsicht über den Verwalter** aus (§ 58 InsO),
- **Einberufung und Leitung der Gläubigerversammlung** (§§ 29 I, 74, 76 Abs. 1 InsO),
- **Einsetzung des Gläubigerausschusses** (§ 67 Abs. 1 InsO),
- **Entscheidung über**
  - den **Insolvenzplan** (§§ 231 I, 248 InsO),
  - Anordnung und Aufhebung der **Eigenverwaltung** (§§ 270 Abs. 1 , 272 Abs. 1 InsO)
  - über die **Restschuldbefreiung** (§§ 289-291, 296-298, 303 InsO).

Das Gericht entscheidet durch **Beschluss**, da gem. § 5 Abs. 2 InsO die mündliche Verhandlung nicht obligatorisch ist. Um die Beschleunigung des Insolvenzverfahrens zu bewirken, sind **Beschwerden nur dort zulässig, wo sie das Gesetz vorsieht, § 6 Abs. 1 InsO**. Sofern der **Rechtspfleger** entschieden hat, ist die **sofortige Erinnerung** statthaft, § 11 Abs. 1 Satz 2 RPflG. Der Rechtspfleger kann der Erinnerung abhelfen, da § 6 Abs. 2 Satz 2 InsO lex specialis zu § 11 Abs. 1 S. 1 RPflG ist. Sofern die Beschwerde zulässig ist, kann sie nur innerhalb einer **Notfrist von zwei Wochen** erhoben werden (**sofortige Beschwerde**), § 6 Abs. 1, 4 InsO i.V.m. § 577 Abs. 2 ZPO. Gegen die Entscheidung über die sofortige Beschwerde kann die **Rechtsbeschwerde** erhoben werden, § 7 InsO i.V.m. §§ 574 ff. ZPO.

Die restriktiven Regelungen zu Rechtsmitteln dienen der **Beschleunigung des Verfahrens.**

Für das Verfahren gelten gem. § 4 InsO grundsätzlich die **Vorschriften der ZPO**. Von diesem Grundsatz macht § 5 Abs. 1 InsO eine Ausnahme, indem es den **Untersuchungsgrundsatz** anordnet, damit das Insolvenzgericht alle für das Verfahren wichtigen Umstände von sich aus, d.h. **von Amts wegen ermittelt**.
Von Amts wegen wird auch zugestellt, § 8 Abs. 1 InsO, sofern nicht - was in der Praxis zur Regel geworden ist - die Zustellung dem Insolvenzverwalter gem. § 8 Abs. 3 InsO übertragen wird.

II. Übersicht Rechtsbehelfe

- **Rechtspflegererinnerung; § 11 RPflG, soweit der Rechtspfleger entschieden hat**
- **Antrag auf Stimmrechtsfestsetzung durch den Richter; § 18 Abs. 3 RPflG**
- **sofortige Beschwerde, § 6 InsO zum Landgericht, auch gegen Rechtspflegerentscheidungen**
- Beispiele:
- Eröffnungsbeschluss (§ 34 Abs. 2 InsO)
- Ablehnungsbeschluss (§ 34 Abs. 1 InsO)
- Bestätigungsversagung (§ 57 InsO)
- Verwalterentlassung (§ 59 InsO)
- Ordnungsmittel (§ 58 InsO)
- Gläubigerversammlung (§§ 75 ff. InsO)
- Berichtigung der Tabelle, § 194 InsO
- Entscheidung über Einwände gegen Schlussrechnung, § 197 InsO
- Nachtragsverteilung (§ 204 InsO)
- Verfahrenseinstellung (§ 216 InsO)
- Zurückweisung des Insolvenzplans (§ 231 Abs. 3 InsO)
- Insolvenzplanbestätigung/ -versagung (§ 253 InsO)
- Aufhebung der Eigenverwaltung (§ 272 Abs. 2 InsO)
- Restschuldbefreiung (§§ 289, 296 Abs.3, 300, 303, 309 InsO)
- **Unanfechtbarkeit** bei Entscheidungen für die kein Rechtsmittel vorgesehen ist, Beispiele:
- zur vorläufigen Verwaltung
- zur Verfahrensaufhebung
- zum Insolvenzplaninhalt
- Versagung der Restschuldbefreiung gem. § 314 Abs. 3 InsO
- **Rechtsbeschwerde, § 7 InsO**

III. Funktionelle Zuständigkeit zwischen Rechtspfleger und Richter

Die für die Kompetenzverteilung zwischen Richter und Rechtspfleger maßgebenden Vorschriften sind §§ 3 Nr. 2 e), 18 RPflG.

Funktionell zuständig ist gem. § 3 Nr. 2 e) RPflG der **Rechtspfleger**. Er leitet das Verfahren weitgehend in eigener Zuständigkeit. § 18 RPflG regelt hiervon die Ausnahmen, nämlich diejenigen Aufgaben, die **dem Insolvenzrichter vorbehalten bleiben**.

Das gesamte Verfahren von der Antragstellung bis zur Eröffnung (Eröffnungsverfahren) (§ 18 Abs. 1 Nr. 1 RPflG), besonders bedeutsame Handlungen gem. (§ 18 Abs. 1 Nr. 2 RPflG - Entscheidungen im **Restschuldbefreiungsverfahren** (§§ 289, 296, 297, 300, 303 InsO)) und solche bei ausländischen Insolvenzverfahren (§§ 343 ff. InsO, § 18 Abs. 1 Nr. 3 RPflG) bleiben danach dem Richter vorbehalten.

Der Richter kann jedoch in jeder Phase des Insolvenzverfahrens die Zuständigkeit vom Rechtspfleger auf sich übertragen, § 18 Abs. 2 RPflG.

Unterschiedlich ist die Praxis der Insolvenzgerichte im Hinblick auf die Entscheidungen über Festsetzungsanträge des Sachverständigen nach dem ZSEG bzw. - Vergütungsanträge des vorläufigen Insolvenzverwalters nach der InsVV. Rechtlich dürften diese Entscheidungen dem Insolvenzrichter vorbehalten bleiben, weil diese Vergütungsansprüche vor Eröffnung des Insolvenzverfahrens entstanden sind (vgl. § 18 Abs. 1 Nr. 1 RPflG).

1. Insolvenzrichter

Dem Insolvenzrichter obliegen folgende Aufgaben:

→ Prüfung der **Zulässigkeit des Antrags**, insbesondere die **Prüfung der Eröffnungsgründe** (§§ 17 ff. InsO). Nach dieser Prüfung **entscheidet** der Insolvenzrichter **über den Insolvenzantrag** (§§ 13 ff. InsO);

→ die **Durchführung der Anhörung des Insolvenzschuldners** (§ 14 Abs. 2 InsO);

→ **die Anordnung von Sicherungsmaßnahmen im Eröffnungsverfahren** (§ 21 InsO);

→ die **Ernennung des Insolvenzverwalters** (§ 27 Abs. 1 InsO);

→ die **Bestimmung der Anmeldefrist für Insolvenzforderungen** (§ 28 InsO), des **allgemeinen Prüfungstermins** (§ 29 Abs. 2 InsO) und des **Termins der ersten Gläubigerversammlung** (§ 29 Abs. 1 InsO);

→ die Benachrichtigungen an die **Registerbehörden, ggf. nebst Eintragungsersuchen**, z.B. Grundbuch, Handelsregister (§§ 32, 33 InsO);

→ die **Abweisung des Insolvenzantrages mangels Masse** (§ 26 InsO);

→ **Ankündigung bzw. Erteilung der Restschuldbefreiung** (§ 18 Abs. 1 Nr. 2 RPflG i.V.m. §§ 289, 296, 297 und 300 InsO);

→ die **Versagung der Restschuldbefreiung**, wenn der Insolvenzschuldner während der Laufzeit der Abtretungserklärung eine seiner Obliegenheiten verletzt (§ 18 Abs. 1 Nr. 2 RPflG i.V.m. §§ 296, 300 InsO) oder wenn der Insolvenzschuldner während der Laufzeit der Abtretungserklärung wegen einer Straftat rechtskräftig verurteilt wird (§ 18 Abs. 1 Nr. 2 RPflG i.V.m. §§ 297, 300 InsO); oder nach Abschluss des Insolvenzverfahrens gem. § 290 InsO

→ Der **Widerruf der Restschuldbefreiung** auf Antrag eines Insolvenzschuldners (§ 18 Abs. 1 Nr. 2 RPflG i.V.m. § 303 InsO).

→ **Durchführung des gerichtlichen Schuldenbereinigungsverfahrens** gem. (§ 18 Abs. 1 Nr. 1 RPflG i.V.m. §§ 305-310 InsO)

2. Rechtspfleger

Ihn treffen gem. § 3 Nr. 2 e) RPflG i.V.m. § 18 RPflG folgende Aufgaben:

→ Überwachung des Insolvenzverwalters, vgl. §§ 57-66 InsO.

→ Einsetzung des vorläufigen Gläubigerausschusses, vgl. §§ 67 – 73 InsO.

→ Anordnung der Auskunfts- und Mitwirkungspflicht des Insolvenzschuld-ners, vgl. §§ 97, 98 InsO.

→ Die Prüfung und Feststellung der Insolvenzforderungen, vgl. §§ 176 - 195 InsO.

→ Die Schlussverteilung und die Festsetzung des Schlusstermins, vgl. §§ 196 - 201 InsO.

→ Die Einstellung des Verfahrens, vgl. §§ 207-215 InsO.
Damit ist gemeint:

→ Unstreitige Entscheidungen zur Restschuldbefreiung (kein Versagungsantrag)

→ Die Festsetzung der Vergütung des Treuhänders und des Insolvenzverwalters, vgl. §§ 54, 65 293 InsO.

3. Akteneinsicht für Insolvenzgläubiger

Insolvenzverfahren, besonders Regelinsolvenzverfahren, haben eine lange Verfahrensdauer. Insolvenzgläubiger haben nicht selten das Gefühl, es gehe nicht voran und manches wohl „nicht mit rechten Dingen zu“. Das Interesse an Informationen ist somit groß, jedoch auch die Unsicherheit über bestehende Möglichkeiten der Informationserlangung.

In der Praxis ist umstritten, ob, wem und wie Einsicht in die Akten des Insolvenzverfahrens zu gewähren ist. Die Akteneinsicht kann für den Gläubiger jedoch wichtig sein, um zu erkennen, ob es sinnvoll ist, einen Kostenvorschuss zu zahlen, um damit die Abweisung mangels Masse zu verhindern (§ 26 InsO), ob die Gläubiger in einem eröffneten Insolvenzverfahren überhaupt mit der Befriedigung ihrer Ansprüche rechnen können und auch zur Beantwortung der Frage, ob z.B. nach Aufhebung des Verfahrens eine erneute Antragsstellung sinnvoll ist, oder die Vermögenslage des Schuldners ohnehin wieder zur Abweisung des Verfahrens mangels Masse führen würde.

Die Akteneinsicht ist also in jedem Stadium des Verfahrens von Bedeutung.

Die **Rechtsgrundlage** für die Akteneinsicht im Insolvenzverfahren ist **§ 299 ZPO.** Diese Vorschrift regelt die Akteneinsicht im Zivilprozess und ist gemäß § 4 InsO im Insolvenzverfahren analog anwendbar.

Im Eröffnungsverfahren ist gem. § 4 InsO i.V.m. § 299 Abs. 1 ZPO dem Antragsteller auf Eröffnung des Insolvenzverfahrens (folgend Antragsteller) uneingeschränkt Akteneinsicht zu gewähren. Der Antragsteller ist wie eine „Partei“ zu behandeln. Ihm ist daher ohne Glaubhaftmachung seines rechtlichen Interesses Einsicht in die Akten des Insolvenzverfahrens zu gewähren.

Problematisch erscheint der Fall, wenn nicht der Antragsteller selbst, sondern ein anderer Gläubiger Antrag auf Akteneinsicht stellt. In diesem Fall bildet § 299 Abs. 2 ZPO die Rechtsgrundlage, das heißt der Gläubiger muss sein rechtliches Interesse glaubhaft machen. Für den Gläubiger, der nicht Antragsteller ist, kann das rechtliche Interesse aber bereits dann gegeben sein, wenn er darüber zu befinden hat, ob er einen Kostenvorschuss zahlt, um die Abweisung mangels Masse zu verhindern. Es ist dem Gläubiger nämlich nicht zumutbar, den Kostenvorschuss zu zahlen, ohne die wirtschaftlichen Verhältnisse des Schuldners, über die er sich aber nur im Wege der Akteneinsicht Kenntnis verschaffen kann, zu kennen.

Im eröffneten Verfahren steht allen am Verfahren beteiligten Gläubigern ein Recht auf Akteneinsicht gemäß § 299 Abs. 1 ZPO zu. Ein rechtliches Interesse muss nicht glaubhaft gemacht werden.

Nach der Abweisung des Insolvenzantrages mangels Masse besteht das Recht auf Akteneinsicht gemäß § 299 Abs. 2 ZPO, wenn das Verfahren noch nicht eröffnet wurde. Die Gläubiger haben in diesem Fall „als Dritte" ihr rechtliches Interesse glaubhaft zu machen. Dies erscheint zwar schwierig, kann aber dadurch gelingen, dass glaubhaft gemacht wird, dass derjenige, der Akteneinsicht begehrt, im Falle der Verfahrenseröffnung Gläubiger gewesen wäre, denn die mögliche Verfahrensbeteiligung begründet das besondere rechtliche Interesse an der Akteneinsicht.

Erfolgt die Einstellung im eröffneten Verfahren (z.B. nach der Anzeige der Masseunzulänglichkeit) bleiben alle Gläubiger weiterhin „Partei", weshalb die Akteneinsicht gemäß § 299 Abs. 1 ZPO ohne Glaubhaftmachung des rechtlichen Interesses zu gewähren ist.

Nachdem klar ist, ob und wem Akteneinsicht zu gewähren ist, stellt sich in der Praxis häufig das Problem „wie" diese zu erfolgen hat.

Die Insolvenzgerichte vertreten z.B. die Auffassung, Gläubiger könnten sich in der Gläubigerversammlung ausreichend informieren. Daher bestünde kein Anspruch auf Einsicht in die Akten. Häufig verweisen Gerichte auch auf die Möglichkeit der Einsichtnahme in der Geschäftstelle des Gerichts und verweigern die Übersendung der Akte oder Aktenteile. Begründet wird dies damit, dass der ständige Zugriff auf die Akte bei Gericht während des Verfahrens gewährleistet sein muss bzw. das Fertigen von Kopien mit zu hohem Zeitaufwand verbunden sei. Der Gläubiger sei daher gehalten, sich ausschließlich auf die Einsicht am Ort des Gerichtes verweisen zu lassen, unabhängig davon, ob dies mit erheblichen Zeit- und Kostenaufwand für den Gläubiger verbunden ist. Im Eröffnungsverfahren wird auch die Einsicht in das Gutachten verweigert unter dem Hinweis auf die „informationelle Selbstbestimmung" des Schuldners. Zudem unterliege das Gutachten nicht der Akteneinsicht, da es nur Grundlage für die interne Entscheidung des Gerichts sei.

Das OLG Celle hat mit Beschluss v. 05.01.2004 – 2 W 113/03, (ZInsO 2004, 204) dargelegt, dass die Auffassung, der Gläubiger könne sich in der Gläubigerversammlung ausreichend informieren, eine Einzelmeinung darstellt, die ganz überwiegend nicht geteilt wird. Darüber hinaus kann nach der zitierten Entscheidung des OLG Celle der Anspruch auf Erteilung von Kopien und Abschriften, der nach dem Gesetz grundsätzlich besteht, nur eingeschränkt werden, wenn dafür die personellen und sächlichen Möglichkeiten des Gerichtes nicht ausreichen, was gegebenenfalls vom Gericht konkret darzulegen ist. Auch ist in der Entscheidung des OLG Celle nachzulesen, dass die Auffassung, die Akteneinsicht erstrecke sich nicht auf das Gutachten, eine Einzelmeinung ist, die weder in der aktuellen Literatur vertreten, noch von den Obergerichten geteilt wird.

Überwiegende Literaturmeinung ist auch, dass die Entscheidung, die Akteneinsicht ausschließlich auf der Geschäftstelle des Gerichtes zu gewähren, keine ermessensfehlerfreie Entscheidung des Gerichtes ist (Vgl. dazu Pape, ZIP 2004, S. 598 ff.).

Auch wenn die Akte im eröffneten Verfahren ständig bei Gericht verfügbar sein muss, sind zumindest gegen Zahlung eines Entgelts Kopien zu versenden, um den Anspruch auf Akteneinsicht gemäß § 299 Abs. 1 ZPO zu erfüllen. Nach der Aufhebung des Verfahrens kann die Übersendung der Akte ohnehin nicht mehr allein mit der Begründung des ständigen Zugriffs bei Gericht verweigert werden.

Was tun, wenn die Akteneinsicht verwehrt wird?

Wird die Gewährung von Akteneinsicht einer „Partei" im Insolvenzverfahren (Antragsteller im Eröffnungsverfahren, Gläubiger im eröffneten Verfahren), das heißt im Fall des § 299 Abs. 1 ZPO verwehrt, steht dem Gläubiger das Rechtsmittel der sofortigen Beschwerde zu. Die Versagung der Akteneinsicht ist im Instanzenzug der ZPO überprüfbar.

Wird der Antrag auf Akteneinsicht eines „Dritten" (z.B. Gläubiger im Eröffnungsverfahren, der nicht selbst Antragsteller ist), also im Fall des § 299 Abs. 2 ZPO verwehrt, ist die Entscheidung nach §§ 23 ff. EGGVG überprüfbar.

Fazit

In jedem Stadium des Insolvenzverfahrens kann es notwendig sein, Akteneinsicht zu beantragen. Das Gesetz (InsO und ZPO) bieten die gesetzliche Grundlage für die Akteneinsicht und gegebenenfalls zur Durchsetzung der verwehrten Einsichtnahme. Unbestritten haben es jedoch die Gläubiger einfacher, in deren Verfahren der Insolvenzverwalter die Dienste von InsolNet oder vergleichbarer Anbieter nutzt, um z.B. durch Bekanntgabe der Halbjahresberichte über den Stand des Verfahrens zu informieren.

Zu der Frage des Anspruchs von Insolvenzgläubigern auf **Zusendung eines Gutachtens** hat das **OlG Celle, 31.08.2006 - 4 W 151/06** entschieden:

Beantragen Insolvenzgläubiger die Zusendung eines im Eröffnungsverfahrens erstellten Insolvenzgut- achtens, müssen die Insolvenzgerichte eingehend Kosten und Nutzen der Kopieanfertigung und Versendung überprüfen.

Der Antrag darf nicht nur deshalb zurückweisen, weil die Akten gemäß § 299 Abs. 2 ZPO nur auf der Geschäftsstelle des Gerichts eingesehen werden könnten. De facto wird dem Gläubiger ein ihm zustehendes Recht versagt, wenn er seinen Sitz weit entfernt vom Insolvenzgericht hat und ihm die erheblichen Fahrt- und Personalkosten nicht zugemutet werden können, um Akteneinsicht zu nehmen.

Im Streitfall hatte das Insolvenzgericht ein Sachverständigengutachten in Auftrag gegeben, um zu klären, ob die Insolvenzschuldnerin noch über eine die Verfahrenskosten deckende Masse verfügte. Der Sachverständige kam zu dem Ergebnis, dass nicht ausreichend Masse vorhanden sei, weshalb das Insolvenzgericht die Eröffnung des Insolvenzverfahrens mangels Masse ablehnte. Der betroffene Gläubiger beantragte beim Insolvenzgericht, ihm eine Kopie des Sachverständigengutachtens zu übersenden. Dies lehnte das Gericht mit der Begründung ab, dass die Antragstellerin gemäß § 299 Abs. 2 ZPO lediglich das Recht auf Akteneinsicht in der Geschäftsstelle des Gerichts habe. Ein Recht auf Fertigung von Abschriften und Auszügen stehe nur den Parteien zu. Dies seien im eröffneten Insolvenzverfahren die Insolvenzgläubigern.

D. Der Insolvenzschuldner

- Verbraucher oder Selbständiger -

I. Einschränkungen der Verfügungsbefugnis, Anwendungsbereich der §§ 81, 91 und 89 InsO (Überblick)

Spätestens mit der Eröffnung des Insolvenzverfahrens verliert der Insolvenzschuldner gem. § 80 Abs.1 InsO die Verwaltungs- und Verfügungsbefugnis über sein zur Insolvenzmasse gehöriges Vermögen.

Ab der Verfahrenseröffnung ist daher folgendes zu beachten:

Beschlagwirkung - Unwirksam ist gemäß

§ 81 Abs.1 S. 1 InsO	**§ 91 Abs.1 InsO**	**§ 89 Abs.1 InsO**
eine **Verfügung** über einen Gegenstand der Insolvenzmasse (§ 35 InsO)	der **Rechtserwerb** an Massegegenständen, auch wenn dieser nicht auf einer Verfügung des Insolvenzschuldners beruht	die Einzelzwangsvollstreckung (und Arrest / einstweilige Verfügung) in Massegegenstände und insolvenzfreies Vermögen
des **Insolvenzschuldners**	durch **Dritte**	zu Gunsten einzelner **Insolvenzgläubiger**
nach Eröffnung des Insolvenzverfahrens.	nach Eröffnung des Insolvenzverfahrens, bei sog. "mehraktigen Erwerbstatbeständen" **auch**, wenn die Verfügung des Schuldners vor Verfahrenseröffnung die Vollendung des Erwerbstatbestandes aber nach Verfahrenseröffnung liegt.	nach Eröffnung des Insolvenzverfahrens.

	Beachte! § 91 Abs.1 InsO greift nicht ein, wenn der **Insolvenzschuldner** 1) unter einer aufschiebenden Bedingung verfügt hat und diese **nach** Verfahrenseröffnung eintritt, § 161 Abs.1 S.2 BGB oder 2) ein ihm zustehendes Anwartschaftsrecht sicherungshalber übertragen hat und die Zahlung der letzten Kaufpreisrate **nach** Verfahrenseröffnung erfolgt.	**Beachte!** Die **vor** Eröffnung des Verfahrens im Wege der Einzelzwangsvollstreckung erworbenen Rechte bleiben unberührt, § 80 Abs.2 S.2 InsO Sie sind **aber unwirksam bei** der 1) sog. **Rückschlagsperre** gem. § 88 InsO und 2) der **Anfechtung** nach § 131 Abs.1 InsO.
Ausnahme: § 81 Abs.1 S.2 InsO i.V.m. §§ 892 f. BGB	**Ausnahme:** § 91 Abs.2 InsO i.V.m. §§ 878, 892 f. BGB	

II. Pflichten des Insolvenzschuldners

Während des gesamten Insolvenzverfahrens ist der Insolvenzschuldner gem. § 97 InsO umfassend zur **Auskunft und Mitwirkung** verpflichtet. § 97 Satz 2 InsO hebt zudem ausdrücklich hervor, dass zu dieser Pflicht auch die Anzeige strafbarer (auch eigener) Handlungen gehört (sog. Selbstbezichtigungspflicht). Diese Anzeigen können jedoch nach § 97 Abs. 1 InsO Satz 3 in einem Strafverfahren gegen den Insolvenzschuldner oder einen Angehörigen i.S.d. § 52 Abs. 1 StPO nur mit Zustimmung des Insolvenzschuldners verwendet werden. Nach § 97 Abs. 2 InsO trifft den Insolvenzschuldner eine Mitwirkungspflicht. Er hat den Verwalter bei der Erfüllung der Aufgaben zu unterstützen.

III. Verstoß gegen Mitwirkungspflicht muss sich auswirken

1. Die Mitteilung eines Wohnsitzwechsels und die aktuellen Einkünfte des Schuldners gehören zu dessen Auskunfts- und Mitwirkungspflichten, bei deren vorsätzliche oder grob fahrlässige Nichterfüllung, dem Schuldner die Restschuldbefreiung versagt werden kann.
2. Dies gilt aber nur, wenn er für einen längeren Zeitraum zur Auskunftserteilung nicht erreichbar ist (BGH, 3. 7.2008, AZ: IX ZB 181/07).

Praxishinweis: Der Gläubiger sollte regelmäßig überprüfen, ob der Schuldner noch am bisherigen Wohnort lebt. Ist dies nicht der Fall, ist der Treuhänder zu informieren und festzustellen, ob der Schuldner seinen Verpflichtungen nachgekommen ist.

Die InsO begründet keine Verpflichtung des Insolvenzverwalters, während eines Rechtsstreits die Interessen des Prozessgegners an einer Erstattung seiner Kosten zu berücksichtigen.

OLG Köln, Beschl. v. 21. 11. 2007 – 2 U 110/07, ZIP 2008, 1131 (Anmerkung: Das OLG Köln hat die Berufung mit Beschl. v. 28. 12. 2007 zurückgewiesen).

Mithaftung des Ehegatten?

Herausgabe von Steuererstattungen, InsO § 134; AO § 37 II

1. Ein Ehegatte ist grundsätzlich zur Herausgabe der ihm nach ehelicher Zusammenveranlagung gem. § 37 II AO hälftig zugeflossenen Steuererstattungen verpflichtet, nachdem über das Vermögen des anderen Ehegatten das Insolvenzverfahren eröffnet wurde.

2. Eine zwischen den Eheleute – insbesondere im Rahmen einer arbeitsteiligen Ehe – im Innenverhältnis vereinbarte hälftige Teilung der Steuererstattungen steht dem Rückforderungsanspruch nach § 134 InsO nicht entgegen.

OLG Oldenburg, Urt. v. 27.- 11. 2007 – 9 U 43/07, ZInsO 2008, 460 = OLGR 2008, 415

Die Durchsetzung der Pflichten des Schuldners wird in § 98 InsO geregelt:

Wenn es der wahrheitsgemäßen Aussage dient, muss der Insolvenzschuldner auf Gerichtsanordnung die Aussage auch unter Eid leisten, § 98 Abs. 1 Satz 1 InsO. Nach Aufstellung der Vermögensübersicht (§ 153 Abs. 1 InsO) erfolgt diese Gerichtsanordnung auf Antrag des Verwalters oder eines Gläubigers, § 153 Abs. 2 Satz 1 InsO.

Weiter sieht das Gesetz insbesondere die **Einschränkung der Bewegungsfreiheit** des Insolvenzschuldners (§ 97 Abs. 3 InsO), seine **zwangsweise Vorführung und Haft** (§ 98 Abs. 2 InsO) und die Verhängung einer **Postsperre** (§ 99 InsO) vor. Letztere ist wegen des Grundrechtsschutzes gem. Art. 10 GG an strenge Voraussetzungen geknüpft.

Für die **Anordnung der Haft** gelten gem. § 98 III 1 InsO die §§ 904-910, 913 ZPO analog. Der Verhältnismäßigkeitsgrundsatz findet Anwendung.

Die aufgezeigten Pflichten des Insolvenzschuldners und die Vorschriften zu ihrer Durchsetzung gelten mit Ausnahme von §§ 99, 153 InsO **bereits im Eröffnungsverfahren**, sobald ein zulässiger Antrag auf Eröffnung des Insolvenzverfahrens gestellt wurde, § 20 InsO.

Ist der Insolvenzschuldner **keine natürliche Person**, trifft die **Vertretungsberechtigten und persönlich haftenden Gesellschafter** diese Pflicht, § 101 Abs. 1 InsO. Hierzu gehört z.B. gem. § 6 Abs. 1 GmbHG der Geschäftsführer einer GmbH.

Angestellten obliegt eine einfache Auskunftspflicht, die nicht nach insolvenz-, sondern nur nach normalen zivilprozessrechtlichen Bestimmungen erzwingbar ist, vgl. § 101 Abs. 2 InsO.

Auch berufliche Einschränkungen sind mit der Eröffnung des Insolvenzverfahrens verbunden: Der Insolvenzschuldner kann z.B. kein Rechtsanwalt werden, i.d.R. auch nicht bleiben, §§ 7 Nr. 9, 14 Nr. 7 BRAO. Ähnliches gilt etwa auch für den Geschäftsführer einer GmbH, § 6 Abs. 2 Satz 3 GmbHG, das Vorstandsmitglieds einer AG, § 76 Abs. 3 AktG oder den Notar, § 50 Abs. 1 Nr. 5 BNotO. Auch das Amt des ehrenamtlichen Richters ist ausgeschlossen, §§ 33 Nr. 5, 109 Abs. 3 Satz 2 GVG.

IV. Vollstreckungsschutz des Schuldners

Während des Insolvenzverfahrens genießt der Schuldner gem. § 89 InsO Vollstreckungsschutz. Nach dieser Vorschrift, welche die gleichmäßige Befriedigung der Gläubiger sicherstellen soll, darf während der Dauer des Insolvenzverfahrens weder in die Insolvenzmasse noch in das sonstige Vermögen des Schuldners vollstreckt werden. Eine Ausnahme besteht nach § 89 Abs. 2 InsO für Unterhalts- und Deliktsgläubiger, deren Forderungen nach Eröffnung des Verfahrens entstanden sind. Diese können in den sogenannten Vorrechtsbereich (vgl. §§ 4, 35, 36 InsO i.V.m. § 58 d, 58 f Abs. 2 ZPO) weiterhin vollstrecken. Dieser Teil der Einkünfte ist nicht Teil der massezugehörig. Die insoweit privilegierten Gläubiger sind jedoch nicht Insolvenzgläubiger, sondern sogenannte persönliche Neugläubiger (zu Unterhalts- und Deliktsansprüchen nach Eröffnung des Verfahrens vgl. AG Dortmund ZInsO 2005, S. 836). Nach Aufhebung des Insolvenzverfahrens aber vor Ablauf der 6 Jahre genießen die Schuldner, dann zwar nicht mehr nach § 89 InsO Vollstreckungsschutz, jedoch greift für die Schuldner während der Wohlverhaltensperiode der Vollstreckungsschutz nach § 294 InsO. Auch diese Vorschrift dient wiederum dem Gleichbehandlungsgrundsatz der Gläubiger; kein Gläubiger soll besser befriedigt werden als die anderen Insolvenzgläubiger. Andere Gläubiger (Neugläubiger) die nach Aufhebung des Insolvenzverfahrens Forderung gegen den Schuldner erworben haben, können in das nicht vom Treuhänder erfasste und verwaltete Vermögen vollstrecken, soweit dieses pfändbar ist. Für Unterhalts- und Deliktsgläubiger gilt wiederum das Privileg, dass diese mit persönlichen Neuforderungen (die also nach Eröffnung des Verfahrens entstanden sind) sogar in den nichtpfändbaren Teil der Bezüge des Schuldners vollstrecken können (§§ 58 d, 58 f Abs. 2 ZPO i.V.m. § 89 Abs. 2 InsO).

Für Rechtsbehelfe gilt allgemein nach § 89 InsO, dass das Insolvenzgericht zuständig ist. Dies ist auch entschieden worden für die Vollstreckung des Verwalters nach § 148 Abs. 2 InsO, wenn er nämlich auf Grund des Insolvenzeröffnungsbeschlusses die Herausgabe von Gegenständen bewirken will, die sich im Besitz des Schuldners befinden (vgl. dazu BGH, Beschluss vom 16.10.2008, AZ: IX ZB 77/08).

Neu: Ausschlagung der Erbschaft zulässig, § 83 InsO

Der Bundesgerichtshof (BGH) hat entschieden, dass der Verzicht auf die Geltendmachung eines Pflichtteilsanspruchs in der Wohlverhaltensphase keine Obliegenheitsverletzung des Insolvenzschuldners darstellt.

Hintergrund ist, dass in der sog. Wohlverhaltensperiode eines insolventen Schuldners dieser eine Erbschaft zur Hälfte an den Treuhänder abführen muss (sog. Halbteilungsgrundsatz, § 295 Abs. 1 Ziff. 2 InsO). Diese Obliegenheit soll – so jetzt der höchstrichterliche Beschluss – erst dann eingreifen, wenn der Schuldner die Erbschaft angenommen oder den Pflichtteilsanspruch geltend gemacht hat. Es sei keine Obliegenheit, eine Erbschaft nicht auszuschlagen oder einen Pflichtteilsanspruch geltend zu machen, sondern höchstpersönliche Entscheidung des Schuldners.

Bundesgerichtshof, Aktenzeichen IX ZB 196/08, Beschluss vom 25. Juni 2009

Dies entschied jetzt der Bundesgerichtshof und bestätigte damit eine Entscheidung des Landgerichts Tübingen, das meinte, aus § 83 Abs. 1 InsO sei die eindeutige Wertung des Gesetzgebers zu entnehmen, dass allein der Schuldner über die Annahme oder Ausschlagung einer Erbschaft oder eines Vermächtnisses oder die Geltendmachung eines Pflichtteils zu entscheiden habe. Hieraus sei der Schluss zu ziehen, dass dies auch in der Wohlverhaltensphase so sei. Zwar gehöre der Pflichtteilsanspruch des Schuldners aufschiebend bedingt durch seine vertragliche Anerkennung oder Rechtshängigkeit zur Insolvenzmasse. An der Zuständigkeit des Pflichtteilsberechtigten für die Frage der Geltendmachung ändere sich hierdurch jedoch nichts. Es stelle deshalb auch keine Obliegenheitsverletzung dar, wenn der Schuldner die Verjährungsfrist ablaufen lasse und damit stillschweigend auf den Anspruch verzichte.

Das Insolvenzgericht versagt die Restschuldbefreiung auf Antrag eines Gläubigers, wenn der Schuldner während der Laufzeit der Abtretungserklärung eine seiner Obliegenheiten verletzt und dadurch die Befriedigung der Insolvenzgläubiger beeinträchtigt (§ 296 Abs. 1 Satz 1 Halbsatz 1 InsO). Nach § 295 Abs. 1 Nr. 2 InsO obliegt es dem Schuldner, während der Laufzeit der Abtretungserklärung Vermögen, das er von Todes wegen erwirbt, zur Hälfte des Wertes an den Treuhänder herauszugeben.

Im vorliegenden Fall sind, so der BGH, die Voraussetzungen des § 295 Abs. 1 Nr. 2 InsO nicht erfüllt. Eine Obliegenheit, den Pflichtteilsanspruch nach dem Tod ihres Vaters in der Wohlverhaltensphase geltend zu machen und die Hälfte des dadurch erworbenen Betrags an den Treuhänder abzuführen, traf die Schuldnerin nicht.

Der Anspruch auf den Pflichtteil (§ 2303 BGB) entsteht mit dem Erbfall (§ 2317 Abs. 1, § 1922 Abs. 1 BGB). Von diesem Zeitpunkt an gehört er zum Vermögen des Pflichtteilsberechtigten. Nach § 852 Abs. 1 ZPO ist er allerdings der Pfändung nur unterworfen, wenn er durch Vertrag anerkannt oder rechtshängig geworden ist. Diese Vorschrift steht einer Pfändung jedoch nicht entgegen. Nach gefestigter Rechtsprechung des Bundesgerichtshofs kann der Pflichtteilsanspruch bereits vor der vertraglichen Anerkennung oder Rechtshängigkeit als in seiner zwangsweisen Verwertbarkeit aufschiebend bedingter Anspruch gepfändet werden. Alles pfändbare Vermögen, das dem Schuldner zur Zeit der Eröffnung des Verfahrens gehört und das er während des Verfahrens erlangt, wird vom Insolvenzverfahren erfasst und gehört zur Insolvenzmasse. Dass nicht der Verwalter, sondern nur der pflichtteilsberechtigte Schuldner über die Geltendmachung des Pflichtteilsanspruchs zu entscheiden hat, ändert nichts an der Zugehörigkeit des Anspruchs zur Masse.

Für die Wohlverhaltensphase gilt, dass der Pflichtteilsanspruch als "Erwerb von Todes wegen" im Sinne des § 295 Abs. 1 Nr. 2 InsO anzusehen ist und Neuerwerb in diesem Abschnitt des Verfahrens darstellt, wenn der Erbfall nach Aufhebung des Insolvenzverfahrens eintritt. Diesen muss der Schuldner zur Hälfte an den Treuhänder abführen, wenn er den Anspruch rechtshängig macht oder ein Anerkenntnis vorliegt. Dies entspricht der Begründung des Gesetzgebers zu § 295 Abs. 1 Nr. 2 InsO. Dort wird ausdrücklich auf § 1374 Abs. 2 BGB hingewiesen. Nach dieser Vorschrift fällt auch ein Pflichtteilsanspruch in das Vermögen, das von Todes wegen erworben wird.

V. Restschuldbefreiung

Der Schuldner hat einen Anspruch auf Erteilung der Restschuldbefreiung nach **sechs Jahren** gem. § 287 InsO. Voraussetzung hierfür ist zunächst ein zulässiger und begründeter Insolvenzantrag, der mit dem Antrag auf Restschuldbefreiung verbunden werden soll. Der Antrag ist weiter nur zulässig, wenn eine Abtretungserklärung für den Zeitraum von sechs Jahren gem. § 287 Abs. 2 InsO abgegeben wird. Nach Aufhebung des Insolvenzverfahrens, jedoch vor Ablauf der 6 Jahre obliegen dem Schuldner die sogenannten Obliegenheiten gem. § 295 InsO. Diese bestehen im Wesentlichen darin, dass der Schuldner nach Aufhebung des Insolvenzverfahrens bis zum Ablauf der 6 Jahre seinen Wohn- und Arbeitsplatzwechsel anzuzeigen hat und grundsätzlich sich um eine Erwerbstätigkeit (Vollzeit) bemühen muss. Im Erbfall hat er die Hälfe des Wertes an den Treuhänder herauszugeben. Er darf weiterhin keine Sondervorteile einzelnen Gläubigern verschaffen. Bei selbstständigen Insolvenzschuldnern gilt, wie bereits im eröffneten Verfahren, im Falle der Freigabe nach § 35 Abs. 2 InsO, dass der Schuldner so viel pfändbares abzuführen hat, als wenn er ein angemessenes Dienstverhältnis eingegangen wäre (maßgeblich ist nur das fiktive Angestelltengehalt, nicht die tatsächliche Einnahmen-Überschuss-Rechnungen oder der tatsächliche Gewinn aus der selbstständigen Tätigkeit).

VI. Versagung der Restschuldbefreiung

Für die Beantragung der Versagung der Restschuldbefreiung gem. § 290 I InsO besteht nach der Rechtsprechung des Bundesgerichtshofes (BGH, NZI 2009, S. 256) folgender Grundsatz:

1. Der Gläubiger muss seinen Versagungsantrag nach den Katalog der Voraussetzung nach § 290 InsO zunächst schlüssig darlegen. Die Glaubhaftmachung der Versagungsgründe ist nur erforderlich, wenn der Schuldner die Tatsachen *im Schlusstermin* bestreitet.

2. Dadurch, dass der Schuldner im Termin bestreiten muss, da ansonsten der schlüssige Vortrag von dem Insolvenzgericht zu Grunde zu legen ist, besteht für ihn praktisch eine Anwesenheitspflicht.
   Dabei müssen die Gläubiger den Versagungsantrag nicht ankündigen. In einem schriftlichen Verfahren, wie es bei Verbraucherinsolvenzverfahren üblich ist, reicht zudem eine schriftliche Beantragung.
3. Das Gericht (zuständig ist der Rechtspfleger gem. § 18 I Nr. 2 RPfG, siehe oben C „Das Insolvenzgericht") nimmt nunmehr die Schlüssigkeitsprüfung vor. Ist der Schuldner dem Antrag auf Versagung der Restschuldbefreiung nicht entgegengetreten, wird der Vortrag des Gläubigers als zugestanden behandelt. Dies entspricht allgemeinem prozessualem Vorgehen, auf das § 4 InsO verweist (entsprechende Anwendung der ZPO)
   Beachtenswert ist, dass später der Schuldner nach Abhaltung des Schuldtermins dem Versagungsantrag sachlich nicht mehr entgegentreten kann. Den Einspruchsmöglichkeiten – anders als bei Versäumnisurteilen nach §§ 331 f. ZPO – sind nach der InsO nicht vorgesehen. Auch im Beschwerdeverfahren kann das Bestreiten nicht nachholen.

4. Bestreitet der Schuldner im Schlusstermin, muss der Gläubiger im Schlusstermin die Versagungsgründe glaubhaft machen. Das Gericht muss dem Gläubiger sodann eine Frist setzen, innerhalb derer die Glaubhaftmachung nachgeholt wird. Geschieht dies nicht, ist der Versagungsantrag als unzulässig zurückzuweisen. Andernfalls ist über den Antrag, ggf. nach Beweisaufnahme, zu entscheiden.

Achtung Gläubigertipp:

Versagung **der Restschuldbefreiung im Schlusstermin**

- Versagung der Restschuldbefreiung im Schlusstermin

- Keine Heranziehung anderer Versagungsgründe von Amts wegen (BGH, ZInsO 2007, 1221)
    - Erfordernis der Antragsstellung im Schlusstermin oder diesem entsprechenden schriftlichen Verfahren
    - Späteres Nachschieben von Gründen unzulässig (s. auch BGHZ 156, 139; BGH, NZI 2007, 297 zu § 296 InsO)
        - Geltung auch bei erst nachträglich bekannt gewordenen Gründen
- Unzulässigkeit von Versagungsanträgen durch ausländische Inkassounternehmen (LG Kiel, ZInsO 2007, 222)

- Versagung der Restschuldbefreiung im Schlusstermin

- Verletzung der Auskunfts- und Mitwirkungspflichten durch Verschweigen von Forderungen (BGH, ZInsO 2007, 96)
    - Bewertung der Werthaltigkeit von Forderungen nicht Sache des Schuldners
    - Beurteilung von Vollstreckungsaussichten nicht Sache des Schuldners
- Antragsbefugnis aller gläubiger angemeldeter Forderungen bei Verstoß gegen § 290 Abs. 1 Nr. 1 InsO (BGH, ZInsO 2007, 446)
    - Betroffenheit des Antragsstellers entbehrlich
    - Gläubigerbenachteiligung grds. nicht erforderlich

- Hin- und herzahlen von Beträgen zwischen Schuldner und Ehefrau als Versagungsgrund (AG Hamburg ZInsO 2007, 951)

- Bindung an die Antragsfrist auch bei mehrfach korrigierter Fristsetzung durch das Insolvenzgericht (LG Göttingen, ZInsO 2007, 1054)

- Zulässigkeit von Versagungsanträgen vor Bestimmung der Antragsfrist (LG Magdeburg ZInsO 2007, 998)

- Entscheidung verfehlt

- Unzulässigkeit der Erweiterung der Versagungsgründe in der Wohlverhaltensphase von Amts wegen (BGH, ZInsO 2007, 322)

- Versagung nach §§ 295, 296 InsO nur bei Beeinträchtigung der Befriedigung der Insolvenzgläubiger
    - Glaubhaftmachung konkret messbarer Schlechterstellung durch Gläubiger erforderlich
    - Bloße Gefährdung der Befriedigungsaussichten nicht ausreichend
    - Fehlende unverzügliche Mitteilung von Wohnsitzwechseln ohne Beeinträchtigung nicht genügend

Problematisch ist, dass die Antragsberechtigung nach herrschender Auffassung formal beurteilt wird, d.h. die Antragsrechte hat nur ein Tabellengläubiger, also nicht derjenige Gläubiger, dessen Forderungen nicht in der Insolvenztabelle aufgenommen sind. Dies ergibt sich aus der aktuellen BGH-Rechtsprechung:

1. Antragsrecht für Versagungsanträge

Gläubiger, die nicht am Insolvenzverfahren teilnehmen, können in der Wohlverhaltensphase keine Versagungsanträge nach §§ 296, 297 InsO stellen.

BGH, Beschluss vom 9. 10. 2008 - IX ZB 16/08, ZinsO 1-2/2009, 52

2. Rechtsschutzinteresse an Zahlungsklage in Wohlverhaltensphase

InsO §§ 90 I, 294 I

BGH, Urt. v. 28. 6. 2007 – IX ZR 73/06 (LG Hamburg), DZWir 2008, 29 (= NZI 2007, 670 = ZInsO 2007, 994 = Rechtssprechungsübersicht von Dahl/Sternal, Beilage zu NZI Heft 4/2008, 32)

Anm. d. Verfasser: Zur Erteilung eines vollstreckbaren Tabellenauszuges in der Wohlverhaltensphase: LG Göttingen, NZI 2005, 689; LG Leipzig, NZI2006, 603. Zur Geltung des Vollstreckungsverbots auch für nicht benannte Gläubiger in der Wohlverhaltensperiode: BGH, NZI 2006, 602

3. Kein zweites Insolvenzverfahren mit Restschuldbefreiung bei identischen Gläubigern

Wird dem Schuldner nach Eröffnung des Insolvenzverfahrens die Restschuldbefreiung rechtskräftig versagt, fehlt jedenfalls dann, wenn kein neuer Gläubiger hinzugetreten ist, einem erneuten Antrag auf Eröffnung des Insolvenzverfahrens, der alleine dem Ziel der Restschuldbefreiung dienst, ein schützenswertes Interesse.

BGH, Beschl. v. 25. 10. 2007 – IX ZB 270/05 (LG Mönchengladbach), NZI 2008, 49 = DZWir 2008, 120 (= ZInsO 2007, 1221 = ZVI 2007, 574 = Rechtssprechungsübersicht von Dahl/Sternal, Beilage zu NZI Heft 4/2008, 33)

4. Keine Restschuldbefreiung von Amts wegen bei Bekanntwerden eines Versagungsgrunds nach Schlusstermin

InsO § 290

Das Insolvenzgericht darf die Entscheidung über die Versagung der Restschuldbefreiung nicht von Amts wegen auf andere als die vom Antragssteller geltend gemachten Versagungsgründe stützen, selbst wenn diese erst nach dem Schlusstermin bekannt geworden sind.

BGH, Beschl. v. 25. 7. 2007 – IX ZB 187/03 (LG Mönchengladbach), NZI 2008, 49 = DZWir 2008, 120 (= ZInsO 2007, 1221 = ZVI 2007, 574 = Rechtssprechungsübersicht von Dahl/Sternal, Beilage zu NZI Heft 4/2008, 33)

Anm. d. Verfasser: S. dazu auch die Anm. von Gundbach/Frenzel, NZI 2008,49

5. Versagung der Restschuldbefreiung bei Falschangaben des Schuldners über wirtschaftliche Verhältnisse

InsO § 290 I Nr. 2

Vorsätzlich oder grob fahrlässige Falschangaben des Schuldners zu seinen wirtschaftlichen Verhältnissen begründen die Versagung der Restschuldbefreiung nur dann, wenn sie subjektiv dem Zweck dienen, Leistungen zu erhalten oder zu vermeiden.

BGH, Beschl. v. 20. 12. 2007 – IX ZB 189/06 (LG Halle), NZI 2008, 195 = DZWir 2008, 173 = ZInsO 2008, 157 = ZVI 2008, 83

Anm. d. Verfasser: Zur Versagung der Restschuldbefreiung nach §§ 290 und 295 InsO s. Schmerbach, NZI 2005,521

6. Kein Entgegenstehen einer früheren Versagung der Ankündigung der Restschuldbefreiung für erneutes Verfahren

InsO § 290 I Nr. 3

Wurde dem Schuldner innerhalb der Sperrfrist die Ankündigung der Restschuldbefreiung versagt, steht diese Entscheidung der Bewilligung von Restschuldbefreiung in einem späteren Verfahren nicht entgegen, Sperrwirkung entfaltet nur die Versagung der Restschuldbefreiung während der Treuhandperiode.

BGH, Beschl. v. 21. 2. 2008 – IX ZB 52/07 (LG Frankenthal), NZI 2008, 318 = DZWir 2008, 218 = ZInsO 2008, 319 = ZVI 2008, 179

Anm. d. Verfasser: Vgl. auch die Anm. von Lang, FD-InsR 2008, 256515. Zur Versagung der Restschuldbefreiung nach §§ 290 und 295 InsO s. Schmerbach, NZI 2005, 521.

7. Haftung des Treuhänders im Restschuldbefeiungsverfahren

InsO §§ 292, 60; BGB § 280

- § 60 InsO ist auf den nach § 292 InsO bestellten Treuhänder nicht entsprechend anzuwenden; es kommt eine Haftung nach § 280 BGB in Betracht.
- Den Treuhänder trifft keine Pflicht, zu Gunsten des Schuldners eingehende Zahlungen darauf zu überprüfen, ob die pfändbaren Beträge zutreffend berechnet sind.

OLG Celle, Urt. v. 2. 10. 2007 – 16 U 29/07, NZI 2008, 52

Anm. d. Verfasser: Zur Haftung des Insolvenzverwalters unter besonderer Berücksichtigung der aktuellen BGH-Rechtssprechung s. Bank/Weinbeer, NZI 2005, 478

8. Wert der Beschwerde gegen Entscheidung über die Ankündigung der Restschuldbefreiung

RVG §§ 33, 28 III, 23 III

Für das wirtschaftliche Interesse des Schuldners am Erhalt der angefochtenen Ankündigung der Restschuldbefreiung ist dann, wenn völlig ungewiss ist, wie sich die Vermögensverhältnisse des Schuldners entwickeln werden und ob bzw. in welchem Umfang er in Zukunft wieder in der Lage sein wird, Zahlungen zu leisten, auf den Hilfswert des § 23 III 2 RVG abzustellen.

OLG Düsseldorf, Beschl. v. 5. 6. 2007 – 10 W 6/07, NZI 2008, 252

9. Wiedereinsetzung für den Antrag auf Restschuldbefreiung

InsO § 287 I 2; ZPO §§ 233 ff.

Bei einer Versäumung der Frist zur Stellung eines Antrags auf Restschuldbefreiung kommt eine Wiedereinsetzung in Betracht. (Leitsatz der Verfasser)

LG Dresden, Urt. v. 2. 1. 2008 – 5 T 681/07, ZInsO 2008, 48

10. Ablauf der Abtretungserklärung vor Aufhebung des Insolvenzverfahrens

InsO §§ 35, 290, 295, 300; ZPO § 850 e II

Wenn die Dauer des eröffneten Insolvenzverfahrens die Laufzeit der Abtretungserklärung erreicht, endet der Insolvenzbeschlag nicht sofort. Das Insolvenzgericht hat aber vorab über die Erteilung der Restschuldbefreiung zu entscheiden. Die rechtskräftig erteilte Restschuldbefreiung führt dann auch zum Entfall des Insolvenzbeschlags weiteren Neuerwerbs.

LG Dresden, Beschl. v. 11- 6- 2008 – 5 T 507/08, ZInsO 2008, 674

E. Die Gläubiger im Insolvenzverfahren

Zu unterscheiden sind:

aa) Insolvenzgläubiger
bb) Massegläubiger
cc) Absonderungsberechtigte Gläubiger
dd) Aussonderungsberechtigte Gläubiger
ee) Persönliche Neugläubiger

I. Insolvenzgläubiger, insb. Tabellenanmeldung

Insolvenzgläubiger sind an erster Stelle zu nennen, denn sie sind diejenigen, deretwegen das Insolvenzverfahren überhaupt durchgeführt wird: Sie sind Gläubiger, die

zur Zeit der Verfahrenseröffnung einen begründeten Vermögensanspruch (i.d.R. eine Forderung) gegen den Insolvenzschuldner haben (§ 38 InsO),

zu dessen Erfüllung das Insolvenzverfahren beitragen soll. Nur Ansprüche vermögensrechtlicher Art (§ 38 InsO) können relevant sein, die **durchsetzbar** sind; aber auch **nicht fällige** (=betagte, § 41 InsO) und **auflösend bedingte Forderungen** (§ 42 InsO) sind grundsätzlich Insolvenzforderungen. Auflösend bedingte Forderungen wie unbedingte geltend gemacht (§ 42 InsO). Tritt die Bedingung während des Insolvenzverfahrens ein, so kann der Insolvenzverwalter der Forderung widersprechen und auf die Forderung geleistete Zahlungen zurückverlangen.

***Bsp.**: Am 20.10.2003 um 11.11 Uhr wird über das Vermögen des K das Insolvenzverfahren eröffnet. Der Gläubiger G hatte dem K bereits am 14.10.2002 einen Kredit in Höhe von 200.000 € gegeben, dessen Rückzahlung am 13.10.2000 fällig werden sollte. Ist G Insolvenzgläubiger i.S.d. § 38 InsO?*

Da nicht fällige Forderungen als fällig gelten (§ 41 Abs. 1 InsO), ist G Insolvenzgläubiger i.S.d. § 38 InsO. Mit § 41 Abs. 1 InsO wird erreicht, dass bereits entstandene, aber noch nicht fällige Forderungen in die Schuldenbereinigung einbezogen werden. Verzinsliche Forderungen werden mit ihrem Kapitalbetrag eingesetzt. Unverzinsliche Forderungen mit einem bestimmten Fälligkeitstermin sind nach Maßgabe des § 41 Abs. 2 InsO zu kürzen.

Ist der vermögensrechtliche Anspruch nicht auf Geld gerichtet (z.B. beim Verschaffungsanspruch) oder **ist der Geldbetrag nicht bestimmt** (Forderung steht beispielsweise zum Zeitpunkt der Verfahrenseröffnung nur dem Grunde nach fest), ist der Anspruch **gemäß § 45 InsO seinem Wert nach zu schätzen und in Euro geltend zu**

machen. Die Vorschrift ist notwendig, weil Forderungen nur als Geldbeträge angemeldet werden können, vgl. §§ 174 ff InsO. Es obliegt dabei dem Gläubiger die Schätzung der Forderung und ihre Umrechnung in Euro vorzunehmen. Hierfür ist der Zeitpunkt der Verfahrenseröffnung (§§ 30, 27 Abs. 2 Nr. 3 InsO) entscheidend.

§ 43 InsO regelt den Fall, dass mehrere Personen ,,für dieselbe Leistung auf das Ganze haften", die Forderung in der Höhe, wie sie zum Zeitpunkt der Eröffnung des Insolvenzverfahrens bestand — sog. **„Berücksichtigungsbetrag"** —, im Insolvenzverfahren **jedes Schuldners** bis zur vollen Befriedigung — sog. **„Grundsatz der Doppelberücksichtigung"** — anzumelden.

Erbringen unterschiedliche Insolvenzschuldner des Gläubigers nach Verfahrenseröffnung Teilleistungen, wird der "Berücksichtigungsbetrag" nicht vermindert.

***Bsp**: Die Ehegatten IS1 und IS2, über deren Vermögen getrennte Insolvenzverfahren eröffnet worden sind, haften dem Insolvenzgläubiger IG gesamtschuldnerisch für einen Bauträgervertrag in Höhe von 500.000 €. Diese Forderung hat der IG in beiden Insolvenzverfahren in voller Höhe angemeldet und in dem Insolvenzverfahren des IS1 bereits eine Quote von 10 % erlangt.*

Die Forderung des IG beschränkt sich wegen des Grundsatzes der Doppelberücksichtigung in dem Insolvenzverfahren des IS2 nicht auf 450.000 €. Vielmehr kann er die 500.000 € auch in diesem Verfahren in voller Höhe geltend machen.

§ 43 InsO soll das Gläubigerinteresse auf möglichst vollständige Forderungsbefriedigung bei Wahrung des Gleichbehandlungsgrundsatz schützen.

Die Insolvenzgläubiger teilen sich in die Gruppe der **nachrangigen und nichtnachrangigen Insolvenzgläubiger** auf, §§ 38, 39 InsO. Alle Insolvenzgläubiger werden nach dem das Insolvenzverfahren beherrschenden **Grundsatz der Gleichbehandlung** nunmehr gleichmäßig befriedigt, § 38 InsO.

Eine kleine Gruppe von Forderungen, die in § 39 InsO aufgeführt sind, kommen erst zum Schluss zum Zuge und sind nachrangig zu befriedigen, aber nicht ausgeschlossen. Diese nachrangigen Insolvenzgläubiger werden ihrerseits nach einer besonderen Rangfolge behandelt, § 39 Abs. 1 InsO. Die in § 38 InsO aufgeführten Insolvenzforderungen müssen sämtlichst befriedigt sein, damit die nachrangigen Forderungen nach § 39 InsO zum Zuge kommen. Die Rechtsstellung der nachrangigen Gläubiger ist beträchtlich gemindert. Sie können die Feststellung ihrer Forderung nur nach gerichtlicher Aufforderung betreiben (§§ 174 Abs. 3, 177 Abs. 2 InsO), werden bei Abschlagsverteilungen nicht berücksichtigt (§ 187 Abs. 2 Satz 2 InsO), haben kein Stimmrecht in der Gläubigerversammlung (§§ 77 Abs. 1 S. 2, 78 Abs. 1 InsO) und nur eingeschränkte Stimmrechte bei der Verabschiedung eines Insolvenzplans (§ 246 InsO). Bei Insolvenzplänen werden gem. § 225 InsO nachrangige Forderungen nur ausnahmsweise berücksichtigt.

Rechtsverfolgung

Insolvenzgläubiger können ihre Forderungen nur nach den Vorschriften über das Insolvenzverfahren verfolgen, § 87 InsO. Dies geschieht regelmäßig durch Anmeldung zur Tabelle (§§ 174 ff. InsO), ausnahmsweise auch durch die Aufrechnung, § 94 InsO. Um bei der Verteilung berücksichtigt zu werden, müssen sie in dem sog. "Feststellungsverfahren", §§ 174-186 InsO, ihre Forderungen anmelden.

Begonnene Prozesse werden nach § 240 InsO zum Zeitpunkt der Eröffnung des Verfahrens unterbrochen. Es handelt sich um sog. Passivprozesse, die ggf. wieder aufgenommen werden können, sofern die angemeldete Forderung zur Insolvenztabelle bestritten wurde und dann eine Leistungsklage gem. § 263 ZPO in zulässiger Weise in eine Feststellungsklage geändert wurde.

1. Aktuelle BGH-Rechtsprechung: Streitwert einer Feststellungsklage bei Forderungen aus vorsätzlich unerlaubter Handlung

Der Streitwert einer Klage, mit der die Feststellung begehrt wird, eine angemeldete Forderung beruhe auf einer vorsätzlich begangenen unerlaubten Handlung, bemisst sich nicht nach dem Nennwert der Forderung. Maßgeblich sind vielmehr die späteren Vollstreckungsaussichten des Insolvenzgläubigers nach Beendigung des Insolvenzverfahrens und Erteilung der Restschuldbefreiung. Wenn diese als nur zu gering anzusehen sind, kann ein Abschlag von 75 Prozent des Nennwerts der Forderung angemessen sein.

BGH, Beschluss vom 22.01.2009 , IX ZR 235/08

2. Hinweispflicht auf eine unschlüssige Forderungsanmeldung

InsO § 174

Der Insolvenzverwalter ist nicht verpflichtet, den eine Forderung anmeldenden Gläubiger auf Schlüssigkeitsbedenken hinzuweisen. (Leitsatz des Verfassers)

OLG Stuttgart, Beschl. v. 29. 4. 2008 – 10 W 21/08, ZInsO 2008, 627

3. Forderungsanmeldung zur Tabelle

InsO §§ 178 II, 183 III, 184

Die Tabelle ist auch noch nach der Aufhebung des Verfahrens nach der Schlussverteilung nachträglich zu ändern, sofern der Schuldner seinen Widerspruch zurücknimmt. (Leitsatz der Verfasser)

LG Braunschweig, Urt. v. 23. 10. 2007 – 6 T 592/07, ZInsO 2008, 514

4. Zurückweisung der Forderungsanmeldung

InsO § 174

Das Insolvenzgericht kann eine unzulässige Forderungsanmeldung zurückweisen. (Leitsatz der Verfasser)

AG Düsseldorf, Beschl. v.17. 10. 2007 – 1502 IN 160/06, ZInsO 2008, 680

Achtung:

5. Haftung des Klägers (Insolvenzgläubigers) nach Klagerücknahme auch für Rechtsanwaltskosten des beklagten Insolvenzschuldners

ZPO § 91;InsO § 81

Ein Schuldner, der persönlich verklagt wird, obwohl über sein Vermögen das Insolvenzverfahren eröffnet ist, kann wirksam einen Rechtsanwalt mit seiner Rechtsverteidigung beauftragen. Nimmt der Kläger die Klage zurück und werde ihm nach § 269 III ZPO die Kosten des Rechtsstreits auferlegt, gehören die beim beklagten Schuldner entstandenen Rechtsanwaltsgebühren zu den Kosten, die zur zweckentsprechenden Rechtsverteidigung notwendig waren und deshalb nach § 91 ZPO zu erstatten sind.

OLG Celle, Beschl. v. 18. 12. 2007 – 7 W 104/07, ZIP 2008, 760

6. Kostenerstattungsanspruch aus Feststellungsverfahren hinsichtlich Forderung aus vorsätzlich unerlaubter Handlung als Insolvenzforderung

InsO §§ 36, 89, 294, 302 Nr. 1; ZPO § 850 f II

Klagt ein Insolvenzgläubiger auf Feststellung dahingehend, dass seine Insolvenzforderung auf einer vorsätzlich unerlaubten Handlung beruht, so stellt auch sein aus diesem Prozess hervorgehender Kostenerstattungsanspruch eine Insolvenzforderung und nicht eine Neuforderung dar. Während des Insolvenzverfahrens sowie der Wohlverhaltensperiode kann daher auch nicht aus dem entsprechenden Kostenfestsetzungsbeschluss die Einzelzwangsvollstreckung betrieben werden. (§§ 89, 294 InsO).

AG Bremen, Beschl. v. 26. 10. 2007 – 248 M 480854/07, NZI 2008, 55; Zum Vollstreckungsverbot während der Wohlverhaltensphase s. Schmidt, DGVZ 2004, 49, und Bielau, DGVZ 2004, 133 (als Erwiderung).

Die Feststellung einer titulierten Forderung zur Insolvenztabelle setzt nicht die Vorlag des Originaltitels voraus, BGH, 01.12.2005 - IX ZR 95/04

Eine zur Insolvenztabelle angemeldete (titulierte) Forderung ist selbst dann festzustellen, wenn weder im Prüfungstermin noch im Feststellungsrechtsstreit der Originaltitel vorgelegt wird.

Mit dieser Entscheidung beendet der Bundesgerichtshof eine jahrelange Verfahrenspraxis der Insolvenzverwalter bzw. Treuhänder und Insolvenzgerichte. Zur Vermeidung einer Doppeltitulierung (und der Gefahr der Vollstreckung desselben Anspruchs aus mehreren Titeln) waren in der Praxis häufig Forderungen bestritten worden, zu denen die Originaltitel nicht vorgelegt wurden.

Für diese Verfahrensweise gebe es keine Rechtsgrundlage, argumentiert der BGH. Eine Doppeltitulierung könne effektiv verhindert werden, wenn der zuständige Rechtspfleger die Erteilung eines vollstreckbaren Tabellenauszuges von der Vorlage des ursprünglichen Originaltitels abhängig mache.

Für Gläubiger, die in Insolvenzverfahren ihre Forderungen selbständig zur Tabelle anmelden, bedeutet dies: Die Originaltitel sind der Forderungsanmeldung nicht zwingend beizulegen. Wird Ihre Forderung bestritten, erhalten Sie das Ergebnis der Forderungsprüfung schriftlich mitgeteilt, im Falle der Feststellung bleiben Sie ohne Benachrichtigung. Wird Ihre Forderung bestritten, weil der Originaltitel fehlt (häufig als Bemerkung in der Tabelle notiert), so weisen Sie den Insolvenzverwalter auf das Urteil des Bundesgerichtshofes hin und fordern ihn auf, innerhalb einer Frist die Forderung anzuerkennen (soweit keine weiteren Gründe für ein Bestreiten gegeben sind). Kommt der Verwalter Ihrer Aufforderung nicht nach, kann die Feststellung gerichtlich durchgesetzt werden.

II. Massegläubiger

Massegläubiger unterscheiden sich von den Insolvenzgläubigern durch den Zeitpunkt und den Anlass der Entstehung ihrer Forderungen: **Masseverbindlichkeiten sind erst nach Eröffnung des Verfahrens entstanden und vom Verfahren selbst veranlasst, § 55 InsO.**

Masseverbindlichkeiten (Übersicht)

- ***Verfahrenskosten*, also die Gerichtskosten sowie die Vergütung und die Auslagen für den Insolvenzverwalter und die Mitglieder des Gläubigerausschusses (§ 54 InsO);**
- ***Ansprüche, die durch Handlungen des Insolvenzverwalters oder in anderer Weise* durch die Verwaltung, Verwertung und Verteilung der Insolvenzmasse *begründet werden* (§ 55 Abs. 1 Nr. 1 InsO);**
- ***Ansprüche aus* bei Verfahrenseröffnung *beiderseits noch nicht erfüllten gegenseitigem Verträgen*, die der Insolvenzverwalter nach §§ 103 ff. InsO erfüllen will oder muss (§55 Abs. 1 Nr.2 InsO);**
- ***Ansprüche aus einer ungerechtfertigten Bereicherung der Masse* (§ 55 Abs. 1 Nr. 3 InsO);**
- ***Sozialplanansprüche* der Arbeitnehmer (§ 123 Abs. 2 Satz 1 InsO);**
- ***Zinsen*, die den gesicherten Gläubigern *für die Nutzung des Sicherungsgutes* zustehen (§ 169 InsO);**
- ***Unterhaltsansprüche des Insolvenzschuldners und seiner Familie* (§ 100 Abs. 1 InsO).**

Dies ist die Rechtfertigung dafür, dass die Massegläubiger in der Reihenfolge des § 53 InsO bei der Erlösverteilung **vor den Insolvenzgläubigern** befriedigt werden. Gleichgestellt sind Ansprüche, die vor Verfahrenseröffnung von einem vorläufigen Insolvenzverwalter, auf den die Verwaltungs- und Verfügungsbefugnis übergegangen ist ("starker vorläufiger Verwalter") begründet worden sind (**vgl. § 55 Abs. 2 InsO**).

Reicht die Insolvenzmasse nicht einmal für die Massegläubiger, so werden diese in der Reihenfolge des § 209 InsO berücksichtigt. Zunächst sind gem. § 209 Abs. 1 Nr. 1 die Verfahrenskosten gem. § 54 InsO zu bedienen. Sodann werden die sonstigen Masseverbindlichkeiten gem. § 209 Abs. 1 Nr. 2 und Nr. 3 InsO bedient (Steuerberater, Archivierungskosten z.B.). Dabei sind Massegläubiger mit Forderungen nach Anzeige der Masseunzulänglichkeit bevorzugt, § 209 Abs. 1 Nr. 2 InsO.

Bsp.: *M1 und M2 haben je einen Masseanspruch nach § 55 Abs.1 Nr. 2 InsO. Der Anspruch des M2 ist jedoch erst nach Anzeige der Masseunzulänglichkeit (§ 208 Abs.1 Satz 1 InsO) entstanden, der Anspruch des M1 bereits vorher. Daher ist die Forderung des M2 als sog. Neumassegläubiger gem. § 209 Abs.1 Nr. 2 InsO vor der Forderung des sog. Altmassegläubigers M1 zu befriedigen.*

Insolvenzgläubiger, die bereits **eine Gegenleistung erbracht haben**, können zu Massegläubigern werden. Sie können ihre Gegenleistung aus der Insolvenzmasse zurückfordern, soweit die Masse durch die **Gegenleistung bereichert ist** (vgl. § 81 Abs.1 Satz 3 InsO). Sie haben dann einen **Bereicherungsanspruch**, der vom Insolvenzverwalter als **Masseverbindlichkeit** zu berichtigen (§ 55 Abs.1 Nr. 3 InsO) ist. Bereichert ist die Masse allerdings nur, wenn die Gegenleistung in die Masse gelangt und dort noch vorhanden ist. Sie ist nicht mehr vorhanden, wenn der Erwerber nicht an den Insolvenzverwalter, sondern an den Insolvenzschuldner gezahlt hat und die Leistung infolgedessen **nicht in die Masse gelangt ist** oder wenn die Masse inzwischen wieder **entreichert** ist (§ 818 Abs. 3 BGB). Dann haben diese Gläubiger keinen Bereicherungsanspruch mehr und sind nur noch einfache Insolvenzgläubiger mit ihrer Forderung.

Bsp.: *Der Insolvenzgläubiger G1 hat bereits aufgrund eines werkvertraglichen Vereinbarung mit dem Insolvenzschuldner einen Teilbetrag geleistet. Diesen Teilbetrag hat G1 jedoch nicht an den Insolvenzverwalter, sondern an den Insolvenzschuldner geleistet, der wiederum den Teilbetrag nicht an den Verwalter weitergeleitet hat. Damit ist nichts in die Insolvenzmasse gelangt, so dass die Forderung des G1 nur einfache Insolvenzforderung ist und der Teilbetrag mithin nicht herausverlangt werden kann.*

Besonderheit – neueste Rechtsprechung : Kraftfahrzeugsteuer als Masseverbindlichkeit

InsO §§ 55 I Nr. 1; KfzStG § 5V

Die nach Insolvenzeröffnung entstandene Kraftfahrzeugsteuer ist auch dann Masseverbindlichkeit i. S. von § 55 I Nr. 1 InsO, wenn sich das Kraftfahrzeug nicht mehr in dem Besitz des Schuldners befindet, die Steuerpflicht aber noch andauert (Bestätigung BFHE 58, 358 = BStBl III 1954, 49).

BFH, Urt. v. 29. 8. 2007 – IX R 4/07 (FG München), NZI2008, 59 (= ZIP 2007, 2081 = ZVI 2007, 616 = Rechtssprechungsübersicht von Dahl/Sternal, Beilage zu NZI Heft 4/2008, 10); S. dazu auch die Anm. von Henkel, NZI 2008, 59.

Festsetzung der Kraftfahrzeugsteuer nach Masseunzulänglichkeitsanzeige

InsO §§ 55 I Nr. 1,209, 210; AO § 251 II; KfzStG §§ 5 I Nr. 1, 7 Nr. 1

Die nach Insolvenzeröffnung entstandene Kraftfahrzeugsteuer ist auch dann Masseverbindlichkeit i. S. von § 55 I Nr. 1 InsO, wenn die Steuerpflicht noch andauert, obschon der Insolvenzverwalter keine Kenntnis von der Existenz des Fahrzeugs hat (Ergänzung zu BFH, NZI 2008, 59 = ZIP 2007, 2081).

Auch wenn der Insolvenzverwalter die Unzulänglichkeit der Masse nach § 210 InsO anzeigt, ist das Finanzamt nicht daran gehindert, ihm gegenüber nach Insolvenzeröffnung entstehende Kraftfahrzeugsteuer durch Steuerbescheid festzusetzen.

BFH, Urt. v. 29. 8. 2007 – IX R 58/06 (FG Münster), NZI 2008, 120 (= ZIP 2007, 2083 = Rechtssprechungsübersicht von Dahl/Sternal, Beilage zu NZI Heft 4/2008, 11); S. dazu die Beiträge von Farr, NZI 2008, 78, und Kranenberg, NZI 2008, 81.

Dazu weiter: Haftung der Insolvenzmasse für Kraftfahrzeugsteuer bei vom Schuldner gemietetem, auf ihn zugelassenen Fahrzeugs trotz Nichteintritts des Verwalters in den Mietvertrag

InsO §§ 35, 55, 103; KfzStG §§ 5, 7

BFH, Urt. v. 18. 9. 2007 – IX R 59/06 (FG Düsseldorf), ZIP 2008, 283

Haftung der Insolvenzmasse für Kraftfahrzeugsteuer bis zur Ab- oder Ummeldung des Fahrzeugs trotz Freigabe

InsO §§ 35, 55; KfzStG §§ 5, 7

BFH, Urt. v. 16. 10. 2007 – IX R 59/06 (FG Köln),ZIP 2008,283 = ZInsO 2008, 211

III. Aussonderungsberechtigte Gläubiger

Aussonderungsberechtigte Gläubiger stehen außerhalb des Insolvenzverfahrens. Sie sind **keine Insolvenzgläubiger**, da sie nicht aus dem Vermögen des Schuldners befriedigt werden wollen, sondern geltend machen, dass **Gegenstände nicht zum Vermögen des Insolvenzschuldners**, sondern zu ihrem eigenen Vermögen gehören und daher (vom Insolvenzverwalter) herauszugeben, d.h. auszusondern sind.

Bsp.: *Der A hat an den B eine Forderung wirksam abgetreten, § 398 BGB. B kann folglich in der Insolvenz des A die Forderung aussondern.*

> ***Aus*sonderungsberechtigte Gläubiger haben Anspruch auf Her*aus*gabe von Gegenständen aus der Masse**

Bestehen Zweifel an dem Aussonderungsrecht, ist ein notfalls gerichtlicher Aussonderungsstreit zwischen Aussonderungsberechtigtem und Insolvenzverwalter zu führen.

Sind die Gegenstände, an denen ein Aussonderungsrecht besteht, unberechtigt veräußert worden, besteht ein **Ersatzaussonderungsrecht**, dass auf die Herausgabe der Bereicherung gerichtet ist, § 48 InsO.

Die Aussonderungsberechtigten machen damit geltend, dass gewisse Gegenstände **nicht zur Insolvenzmasse gehören** und können daher ganz unabhängig von Beschränkungen aufgrund des Insolvenzverfahrens ihre Ansprüche verfolgen. Nicht nur **dingliche** (z.B. § 985 BGB), sondern auch **persönliche Ansprüche** (z.B. aus einem Kommissionsvertrag) begründen Aussonderungsrechte. Allgemein gesprochen geht es darum, für wessen Rechnung, für wen in wirtschaftlicher Hinsicht das Geschäft vorgenommen wird und Ansprüche begründet.

So bleibt der Treugeber in einem uneigennützigen Treuhandvertragsverhältnis, wonach der Insolvenzschuldner der Treuhänder und auch zivilrechtliche Eigentümer der Sache ist, wirtschaftlich betrachtet der Eigentümer, sozusagen der **„haftungsrechtliche Eigentümer"**. Der Treugeber ist darum aussonderungsberechtigt, obwohl er nur einen schuldrechtlichen Anspruch auf Rückübertragung des Treugutes hat.

In der **Einzelzwangsvollstreckung** entspricht die Aussonderung nach § 47 InsO der **Drittwiderspruchsklage**, § 771 ZPO. In diesem Zusammenhang wird auch deutlich, warum das **Sicherungseigentum**, das sachenrechtlich vollwertiges Eigentum ist, nur ein Absonderungs- und kein Aussonderungsrecht begründet: Nach haftungsrechtlicher Betrachtung dient es allein als Pfandrecht zur Sicherung einer Forderung des Sicherungseigentümers, während der Sicherungsgeber wirtschaftlich Eigentümer des Sicherungsgutes bleibt.

IV. Absonderungsberechtigte Gläubiger

Absonderungsberechtigte Gläubiger machen geltend, dass sie aus dem Verwertungserlös **bestimmter Gegenstände** des Schuldnervermögens, an denen sie bestimmte **Rechte** haben, **vor** den Insolvenzgläubigern zu befriedigen sind, §§ 49 ff., 165 ff. InsO.

Absonderungsberechtigte Gläubiger haben Anspruch auf den Erlös aus der Verwertung bestimmter Massegegenstände

Diese **Vorzugsrechte** an Gegenständen der Masse (Absonderungsrechte) sind in den §§ 49 bis 51 InsO geregelt, z.B. das Pfandrecht (§ 50 InsO), das Sicherungseigentum (§ 51 Nr. 1 InsO) und die zur Sicherung abgetretene Forderung (§ 51 Nr. 1 InsO). Die Absonderung entspricht daher in der Einzelzwangsvollstreckung der Klage auf vorzugsweise Befriedigung, § 805 ZPO. In aller Regel werden die Absonderungsberechtigten gleichzeitig Insolvenzgläubiger sein, da ihre Absonderungsrechte nur zwecks Sicherung von Forderungen gegen den Insolvenzschuldner bestellt worden sind. Diese melden dann wie oben unter bb) gezeigt, ihre Forderungen in der Regel **für den Ausfall** zur Insolvenztabelle an.

Im Hinblick auf die **Verwertung der Absonderungsgegenstände** ist grundsätzlich zwischen beweglichen und unbeweglichen Gegenständen zu unterscheiden: Die Absonderung **an unbeweglichen Gegenständen** erfolgt nach den Vorschriften des ZVG, vgl. § 49 InsO. Die Grundpfandgläubiger können also den Antrag auf Zwangsversteigerung bzw. Zwangsverwaltung stellen, vgl. §§ 15, 146 ZVG. Der Insolvenzverwalter kann im Hinblick auf Kostenbeiträge an Zubehörgegenständen des Grundstücks (§ 10 Abs. 1 Nr. 1a ZVG i.V.m. § 171 InsO) einen eigenen Antrag stellen, § 165 InsO i.V.m. § 172 ZVG. Er kann - praktisch bedeutsam - gem. § 174 a ZVG beantragen, dass bei der Feststellung des geringsten Gebots nur die seinen Ansprüchen aus § 10 Abs. 1 Nr. 1a ZVG vorgehenden Rechte berücksichtigt werden. **Bewegliche Gegenstände** werden gem. §§ 166 ff. InsO verwertet. Hat der Verwalter den Absonderungsgegenstand im Besitz, ist er gem. § 166 InsO zur Verwertung berechtigt und kann gem. §§ 170 f. InsO die Umsatzsteuer nebst Kostenbeiträgen zur Masse geltend machen: 4 % pauschal für die Feststellungskosten und 5 % pauschal für Verwertungskosten, es sei denn diese sind tatsächlich erheblich höher oder niedriger gewesen.

Sofern die Voraussetzungen nach § 166 InsO nicht vorliegen, bleibt das Recht des absonderungsberechtigten Gläubigers zur Verwertung gem. § 173 InsO unberührt.

Sind Gegenstände der Absonderungsberechtigten unberechtigt veräußert worden, so steht ihnen die Forderung auf die Gegenleistung, bzw. die Gegenleistung aus der Masse zu, soweit diese vorhanden ist, § 48 InsO analog (Ersatzabsonderung).

V. Persönliche Neugläubiger des Insolvenzschuldners

Persönliche Neugläubiger des Insolvenzschuldners sind diejenigen, die ihre Ansprüche gegen den Insolvenzschuldner erst **nach Verfahrenseröffnung** erworben haben und welche nicht durch den Insolvenzverwalter veranlasst wurden.

Persönliche Neugläubiger nehmen am Insolvenzverfahren überhaupt nicht teil. Es handelt sich dabei um Forderungen, die - im Gegensatz zu Masseforderungen - nicht vom Insolvenzverfahren (durch den Verwalter) veranlasst wurden, sondern nach Eröffnung des Insolvenzverfahrens nur vom Insolvenzschuldner persönlich. Ihnen haftet der Insolvenzschuldner nur mit seinem nach Abschluss des Insolvenzverfahrens erworbenen Neuvermögen.

Bsp.: *Während des Insolvenzverfahrens schließt der Insolvenzschuldner einen Kaufvertrag über drei Paar Schuhe mit dem K ab. Der K übergibt dem Insolvenzschuldner die Schuhe; der Kaufpreis beträgt 270,-€.*

Mangels Bestellung von Sicherungsrechten für den Kaufpreis, ist K kein Absonderungsberechtigter; er ist auch kein Aussonderungsberechtigter, da er die Schuhe dem Insolvenzschuldner übertragen hat. K kann diese Forderung nicht als Insolvenzgläubiger anmelden, da sein Vermögensanspruch gegen den Insolvenzschuldner nicht zur Zeit der Eröffnung des Verfahrens begründet war, vgl. § 38 InsO. Auch ist K kein Massegläubiger, da seine Forderung nicht unter den Katalog des § 55 InsO fällt. Daher kann K nur das Insolvenzverfahren abwarten, um dann als persönliche Neugläubiger des Insolvenzschuldners seine Ansprüche gegen den Insolvenzschuldner durchzusetzen.

F. Organisation der Gläubiger

Um die (unterschiedlichen) Interessen der Gläubiger gegenüber Insolvenzverwalter und Gericht zu koordinieren und zu formulieren, ist ihre Organisation nötig. Das geschieht durch zwei Organe der Gläubigerschaft, die

Gläubigerversammlung (§§ 74 ff. InsO)
und den
Gläubigerausschuss, (§§ 67 ff. InsO)

I. Die Gläubigerversammlung

Leitung: **Die Gläubigerversammlung** wird **vom Insolvenzgericht, dem zuständigen Rechtspfleger, geleitet** (§ 76 Abs. 1 InsO).

Beschlussfassung: Die Versammlung fasst Beschlüsse grundsätzlich mit einfacher Mehrheit der vertretenen Forderungen, der sog. **Summenmehrheit** (§ 76 Abs. 2 InsO). Bei der Wahl eines neuen oder Bestätigung des vom Gericht eingesetzten Insolvenzverwalters ist gem. § 57 InsO neben der Summenmehrheit auch die **Kopfmehrheit**, die Mehrheit der Kopfzahl der abstimmenden Gläubiger erforderlich.

Aufgabe: Als Stimme der Insolvenz- und Absonderungsgläubiger bestimmt sie im **Berichtstermin** insbesondere die **konkrete Verwertungsform der Masse** §§ 29 Abs. 1 Nr.1, 156 f. InsO). Inhaltlich entscheidet die Gläubigerversammlung im Berichtstermin vor allem darüber, ob das Unternehmen des Schuldners **stillgelegt** oder **zeitweilig fortgeführt** werden soll, damit es **saniert** oder als funktionsfähige Einheit (ganz oder teilweise) **veräußert** werden kann (§ 157 S. 1 InsO). Bereits im Eröffnungsbeschluss kündigt das Insolvenzgericht die Beschlussfassungen der Gläubigerversammlung über die Beibehaltung des ernannten oder Wahl eines neuen Verwalters, Wahl eines Gläubigerausschusses und ggf. über die in den §§ 100, 160, 149, 162, 271 InsO genannten Gegenstände an. Die Gläubigerversammlung kann den Insolvenzverwalter beauftragen, einen **Insolvenzplan** auszuarbeiten (§ 157 Satz 2 InsO).

Im **Prüfungstermin** erörtert die Gläubigerversammlung alle angemeldeten Forderungen der Insolvenzgläubiger (§§ 29 Abs. 1, Nr. 2, 176 InsO). Prüfungs- und Berichtstermin sind meist **in einem Termin verbunden**, was gem. § 29 Abs. 2 InsO zulässig ist. Im **Schlusstermin** verhandelt sie insbesondere über die **Schlussrechnung** des Verwalters (§§ 197, 66 InsO).

Im **Erörterungs- und Abstimmungstermin** entscheidet sie über den Insolvenzplan (§ 235 InsO).

Der **Zustimmung der Gläubigerversammlung** bedarf eine Veräußerung ganzer Betriebseinheiten oder unbeweglicher Gegenstände, die Aufnahme erheblicher Darlehen und die Entscheidung über größere Rechtsstreitigkeiten; das gilt allerdings nur, wenn ein Gläubigerausschuss nicht bestellt ist, der sonst an Stelle der Gläubigerversammlung entscheiden kann (§ 160 InsO). Die besondere Zustimmungspflicht der Gläubigerversammlung bleibt in den Fällen gem. §§ 162, 163 InsO jedoch erhalten.

II. Der Gläubigerausschuss

Ob ein Gläubigerausschuss eingesetzt wird, ist die freie Entscheidung der Gläubigerversammlung. Er wird von der Gläubigerversammlung gewählt.

Leitung: Der Gläubigerausschuss tagt auf eigene Veranlassung. Er leitet sich selbst und kann einen Ausschussvorsitzenden wählen. Er kann ohne Anwesenheit des Insolvenzverwalters tagen.

Beschlussfassung: Die Versammlung fasst ihre Beschlüsse grundsätzlich mit einfacher Mehrheit der abstimmenden Mitglieder, sofern die Mehrheit der Ausschussmitglieder an der Versammlung teilgenommen hat, § 72 InsO. Aus diesem Grunde wird in der Regel eine ungerade Anzahl von Mitgliedern bestellt.

Aufgabe: **Geschäfte des Verwalters zu unterstützen und zu überwachen, § 69 InsO**. Um außen stehenden Sachverstand mit dieser Aufgabe zu betreuen, müssen die Mitglieder des Ausschusses keine Gläubiger sein, § 67 III InsO.

Haftung: Der Gläubigerausschuss haftet gem. § 71 InsO auf Schadenersatz für schuldhafte Pflichtverletzungen. Die Ansprüche verjähren wie die Schadensersatzansprüche gegen den Insolvenzverwalter nach drei Jahren von dem Zeitpunkt an, in dem der Verletzte von dem Schaden und den Umständen, welche die Ersatzpflicht begründen, Kenntnis erlangt, § 71 InsO i.V.m. § 62 InsO.

Vergütung: Die Ausschussmitglieder erhalten eine Vergütung auf ihre Tätigkeit sowie Erstattung angemessener Auslagen, § 73 InsO. Die Vergütung erfolgt nach Stundensätzen gem. § 73 InsO, §§ 64, 65 i.V.m. §§ 17, 18 InsVV.

III. Die wichtigsten Gläubigerversammlungen (Überblick)

- der **Berichtstermin**, in dem über den weiteren Verlauf des Insolvenzverfahrens und die konkrete Verwertungsform beschlossen wird (§§ 29 Abs. 1 Nr. 1, 156 f. InsO);
- der **Prüfungstermin**, in dem die angemeldeten Forderungen der Insolvenzgläubiger erörtert werden (§§ 29 Abs. 1 Nr. 2, 176 InsO),
- der **Schlusstermin**, in dem die Schlussrechnung des Verwalters erörtert wird, Einwendungen gegen das Schlussverzeichnis erhoben werden können und über unverwertbare Massegegenstände entschieden wird (§ 197 InsO)
- ggf. ein **Erörterungs- und Abstimmungstermin**, in dem die Insolvenz- und absonderungsberechtigten Gläubiger über die Annahme eines Insolvenzplans entscheiden (§ 235 InsO).

G. Insolvenzverwalter und Verfahrensabwicklung

Mit der Eröffnung des Insolvenzverfahrens geht die Verwaltungs- und Verfügungsbefugnis über das zur Insolvenzmasse gehörige Vermögen des Insolvenzschuldners auf den Insolvenzverwalter über, § 80 Abs.1 InsO. Nach herrschender Meinung ("Amtstheorie") stellt dieser ein **in eigenem Namen handelndes Rechtspflegeorgan** (Zwangsvollstreckungsorgan) dar, das als **Partei kraft Amtes** in eigenem Namen mit Wirkung für und gegen den Insolvenzschuldner handelt.

I. Bestellung

Die Bestellung erfolgt durch das Insolvenzgericht, ggf. **vorläufig** mit der Eröffnung des Insolvenzverfahrens, § 27 Abs.1 InsO, **endgültig** nach der ersten Gläubigerversammlung, § 57 Abs.1 S.1 InsO. In Frage kommt eine für den jeweiligen Einzelfall geeignete, geschäftskundige und von Gläubigern und Schuldnern unabhängige Person, § 56 Abs.1 InsO.

Der **Amtsbeginn** erfolgt ausdrücklich durch Erklärung ggü. dem Insolvenzgericht oder stillschweigend durch die Aufnahme der Verwaltergeschäfte. Die **Entlassung** durch das Insolvenzgericht, unter dessen Aufsicht der Verwalter steht (§ 58 Abs.1 S.1 InsO) ist nur aus wichtigem Grund möglich, § 59 Abs.1 InsO. Er erhält eine vom Insolvenzgericht festzusetzende **Vergütung**, §§ 63 – 65 InsO, die als Masseschuld vorweg zu berichtigen ist, §§ 53, 54 Nr.2 InsO – näheres regelt die **Vergütungsverordnung (InsVV)**.

II. Aufgaben des Insolvenzverwalters (Überblick)

- ➡ Sicherung der Insolvenzmasse, indem sie in Besitz und Verwaltung genommen wird (§§ 148 ff. InsO)
- ➡ Fortsetzung, Aufnahme oder Beendigung von Gerichtsverfahren (§§ 85 ff. InsO) und Entscheidung über die Behandlung gegenseitiger Verträge (§§ 103 ff. InsO)
- ➡ Insolvenzanfechtung nach §§ 130-137 InsO. Danach können die Rechtswirkungen von nachteiligen Rechtshandlungen, die dem Gleichbehandlungsgrundsatz zuwiderlaufenden rückgängig gemacht werden (vgl. § 129 Abs. 1 InsO).
- ➡ Einzug der Forderungen und Verwertung der vorhandenen Gegenstände, im Unterschied zur Konkursordnung auch die Gegenstände von Absonderungsberechtigten (§ 165 InsO), sofern ihm im Berichtstermin die Verwertung des Unternehmens beschlossen wurde (§ 159 InsO).
- ➡ Bereinigung der Masse, insbesondere Freigabe und Vorwegbefriedigung der Masse gläubiger (§ 53 InsO),
- ➡ Abwicklung laufender Geschäfte (§§ 103 ff. InsO),
- ➡ Verwertung von Massegegenständen (vgl. § 80 InsO)
- ➡ Feststellung der Schuldenmasse, d. h. der Summe der Insolvenzforderungen (§§ 174, 175 InsO) und
- ➡ Verteilung der Masse unter den Insolvenzgläubigern (§§ 187 ff. InsO).

Achtung Gläubigertipp:

Insolvenzzweckwidrigkeit einer Zahlung des Verwalters zur Löschung einer wertlosen Grundschuld – „Schornsteinhypothek"

InsO §§ 50, 87

Verspricht der Insolvenzverwalter dem durch eine offensichtlich wertlose Grundschuld gesicherten Gläubiger gegen Erteilung der Löschungsbewilligung zusätzlich zu den übernommenen Löschungskosten eine Geldleistung, ist diese Vereinbarung wegen Insolvenzzweckwidrigkeit nichtig.

BGH, Beschl. v. 20. 3. 2008 – IX ZR 68/06 (OLG Hamburg), NZI 2008,365 = ZIP 2008, 884; S. dazu auch die Anm. von Rein, NZI 2008, 365

III. Freigabe

Aus der Verfügungsbefugnis des Insolvenzverwalters über die Masse ergibt sich im Umkehrschluss, dass der Insolvenzverwalter auch Gegenstände der Insolvenzmasse **freigeben** kann (gegebenenfalls sogar muss, vgl. § 32 Abs. 3 InsO). Dieses Freigaberecht dient dem Schutz der Gläubiger um die bestmögliche und gemeinschaftliche Befriedigung zu sichern.

***Bsp.**: Über das Vermögen des K wurde das Insolvenzverfahren eröffnet. Teil der Insolvenzmasse ist ein mit voll valutierenden Grundpfandrechten belastetes leerstehendes unvermietbares Grundstück. Das Grundstück belastet lediglich die Insolvenzgläubiger, bringt jedoch keine Erträge. Um die laufenden Kosten (Grundsteuer, Reinigungsgebühren, Sicherungsmaßnahmen etc.) zu vermeiden, gibt der Insolvenzverwalter gegenüber dem Insolvenzschuldner K das Grundstück frei. Der Information halber erhalten die Grundpfandgläubiger und das Grundbuchamt nebst Antrag auf Löschung des Insolvenzvermerks (§ 32 InsO) die Abschrift der Freigabeerklärung. Der Insolvenzschuldner kann fortan wieder frei über das Grundstück verfügen.*

IV. Abwicklung nicht vollständig erfüllter Verträge des Insolvenzschuldners, §§ 103 ff. InsO

1. Anwendungsbereich des § 103 Abs. 1 InsO

§ 103 Abs.1 InsO ist lediglich eine **Auffangnorm**, soweit nicht Sondervorschriften der §§ 104 ff. InsO greifen.

2. Voraussetzungen der Anwendbarkeit des § 103 Abs. 1 InsO

a) gegenseitiger Vertrag i.S.d.. §§ 320 ff. BGB

b) keine vollständige Erfüllung des Vertrags von beiden Vertragsparteien zum Zeitpunkt der Verfahrenseröffnung (hierfür Eintritt des Leistungserfolges maßgeblich)

c) kein Ausschluss gem. § 107 Abs.1 InsO (Insolvenz des Vorbehaltsverkäufers) § 106 Abs. 1 InsO (Vormerkung)

3. Rechtsfolge: Wahlrecht

Dem Insolvenzverwalter steht ein Wahlrecht zu, ob er diese Verträge erfüllen will oder nicht. Verlangt der Insolvenzverwalter die **Erfüllung des Vertrages**, wird die Verbindlichkeit des Insolvenzschuldners **Masseschuld** nach § 55 Abs. 1 Nr. 2 InsO, und der Vertragspartner muss die Leistung so erbringen, wie sie vertragsgemäß geschuldet wird. Äußert sich der Verwalter nicht, gilt dies im Zweifel als Nichterfüllung gem. § 103 Abs. 2 InsO.

Bei Erfüllungsablehnung durch den Insolvenzverwalter ist der Vertragspartner auf die Insolvenzquote verwiesen. In diesem Fall steht dem Vertragsgegner nur eine Forderung wegen Nichterfüllung nach § 103 Abs. 2 Satz 2 InsO zu, den er freilich **nur als Insolvenzgläubiger** nach den Vorschriften der InsO verfolgen kann (§ 87 InsO).

Verweigert der Insolvenzverwalter die Erfüllung oder handelt es sich um ein Fixgeschäft über marktpreis- oder börsenpreisfähige Waren oder ein Finanztermingeschäft, verbleibt das Geschäft in dem bei Verfahrenseröffnung erreichten Abwicklungsstadium. Der Vertragspartner kann nur als Insolvenzgläubiger seine Ansprüche wegen Nichterfüllung geltend machen (§ 103 Abs. 2 S. 1 InsO).

Die von dem Insolvenzschuldner **erbrachten Leistungen** muss der Vertragspartner gemäß §§ 812 Abs. 1 S. 2 1. Alt., 818 Abs. 2 BGB an den Insolvenzverwalter grundsätzlich **zurückerstatten**. Aufgrund des **Vertrauensschutzes** ist der Vertragspartner dazu aber nur insoweit verpflichtet, als der Schaden, der ihm infolge des Erlöschens seines Erfüllungsanspruches entstanden ist, niedriger als der Wert der Teilleistungen, die er vom Insolvenzschuldner erhalten hat.

Die ausdrückliche *Erfüllungsablehnung* des Insolvenzverwalters hat aufgrund der soeben gezeigten Systematik nach nur **deklaratorische Bedeutung;** die vorgezeigten Wirkungen treten nämlich kraft Gesetzes ein, sofern keine Erfüllungsverlangen vorliegt.

Das *Erfüllungsverlangen* des Insolvenzverwalters hat dagegen **rechtsgestaltende Wirkung**. Der durch das Erfüllungsverlangen bestehende durchsetzbare Anspruch des Vertragspartners ist eine **Masseschuld gem. § 55 Abs. 1 Nr. 2 InsO**. Die Vertragsverpflichtungen richten sich nach dem ursprünglichen Vertragsverhältnis zwischen Insolvenzschuldner und seinem Vertragspartner im Zeitpunkt der Verfahrenseröffnung. Der Massegläubiger muss also seine Forderungen nicht nach den Vorschriften der InsO (§87 InsO) verfolgen; er kann im Streitfalle den Insolvenzverwalter verklagen und gegen die Masse vollstrecken.

Hinsichtlich der übrigen gegenseitigen Verträge gilt neben § 103 InsO (grundsätzlich Erfüllungswahlrecht) nach den speziellen Regelungen der §§ 104 ff. InsO schlagwortartig folgendes:

Gegenseitige Verträge und §§ 104 ff. InsO

Kaufverträge

- Teilleistungen (§ 105 InsO): Altlieferungen sind Insolvenzforderungen, Erfüllungsverlangen möglich
- Grundstücksgeschäft (§ 106 InsO): Vormerkung für den vorgemerkten Anspruch, insolvenzfest
- Eigentumsvorbehalt (§ 107 InsO): insolvenzfest

Mietverträge (Pacht + Leasing)

- *Schuldner ist Mieter*
  * Immobilien: Kündigungsrecht des Verwalters, § 109 InsO, bzw. Erklärung ohne Kündigung gem. § 109 Abs.1 S.2 InsO, dass Wohnraummiete nach Ablauf der (fiktiven) Kündigungsfrist nur als Insolvenzforderung geltend gemacht werden kann.
  * Mobilien: Kündigungsrecht nach § 103 InsO
  * Kündigungssperre durch Insolvenzeröffnung, § 112 InsO
- *Schuldner ist Vermieter*
  * Immobilien: Fortsetzung des Mietvertrages, § 108 Abs. 1 Satz 1 InsO
  * Mobilien: Kündigungsrecht nach § 108 InsO. außer bei Finanzierungsleasing, § 108 Abs. 1 Satz 2 InsO.
  * bei Immobilienveräußerung gilt § 57 ZVG entsprechend. § 111 InsO

Unwirksamkeit abweichender Vereinbarungen gem. § 119 InsO

Arbeitsverträge

- gesetzliche Kündigungsfrist, max. 3 Monate, § 113 InsO
- geschwächter Kündigungsschutz bei Betriebsvereinbarung und Interessenausgleich, § 125 InsO: Betriebsbedingtheit und Sozialauswahl werden vermutet
- ohne Betriebsrat: Feststellung durch Arbeitsgericht. § 126 Abs. 1 InsO, dadurch Einschränkung des Kündigungsschutzklagerechts, § 127 InsO
- auch bei Betriebsübergang (§ 128 InsO); Abschwächung des § 613 a BGB

Geschäftsbesorgungsverträge, Vollmachten, Aufträge

erlöschen mit Eröffnung des Insolvenzverfahrens, §§ 115-117 InsO

Aus der umfassenden Verfügungsbefugnis des Insolvenzverwalters gem. § 80 InsO ergibt sich auch sein **Prozessführungsrecht** für die Masse. Er ist gesetzlicher Prozessstandschafter des Insolvenzschuldners. Der Insolvenzverwalter führt auch Prozesse, die nach § 160 Abs. 1 und 2 Nr. 3 InsO zustimmungspflichtig sein können. Die Aufnahme von Rechtsstreitigkeiten, die schon bei Eröffnung des Insolvenzverfahrens anhängig gewesen sind, regeln die §§ 85 f. InsO.

V. Zulässigkeit des Lastschriftwiderrufs in der vorläufigen Insolvenz

Die Entscheidung des XI und IX Zivilsenates des Bundesgerichtshofes vertreten unterschiedliche Auffassungen zur Frage der Zulässigkeit des Lastschriftwiderrufs durch den vorläufigen Insolvenzverwalter. Die Frage ist besonders für die betroffenen Gläubiger brisant:

Zulässigkeit der Lastschrift - Urteil IX ZR 217/06 vom 25. Oktober 2007
ZIP 2007, 2273 = NZI 2008, 27 = WM 2007, 2246

Der Fall

Die Schuldnerin unterhielt bei der beklagten Bank ein Girokonto, das auf Guthabenbasis geführt wurde.

Im Zeitraum vom 1. August bis 2. Oktober 2002 löste die Beklagte Lastschriften aus Einzugsermächtigungen in Höhe von 1,25 Mio. € ein und belastete damit das genannte Konto. Mi Wirkung zum 31. August, 30. September und 31. Oktober 2002 erteilte die Bank der Schuldnerin jeweils Rechnungsabschlüsse.

Am 2. Oktober 2002 beantragte die Schuldnerin die Eröffnung des Insolvenzverfahrens über ihr Vermögen. Am selben Tage wurde der Kläger zum vorläufigen Insolvenzverwalter mit Zustimmungsvorbehalt bestellt. Am 20. Dezember 2002 wurde der Schuldnerin vom Insolvenzgericht ein allgemeines Verfügungsverbot auferlegt und am 2. Januar 2003 das Insolvenzverfahren eröffnet.

Mit Schreiben vom 7. Dezember 2004 erklärte der Kläger der Beklagten, er verweigere die Genehmigung sämtlicher seit 1. August 2002 bis zum Insolvenzantrag eingegangenen Lastschriften und Belastungsbuchungen. Die Beklagte erteilte jedoch keine Gutschrift. Der Kläger verlangt deshalb Zahlung von 1,25 Mio. €.

1. Das Verhalten des Schuldners

- Der zahlungsunfähige Schuldner handelt in der Regel weder rechts- noch sittenwidrig, wenn er bewusst davon absieht, die nicht bevorrechtigte Forderung eines Gläubigers noch zu befriedigen.

- Kapitalgesellschaften und Personengesellschaften ohne eine natürliche Person als persönlich haftende Gesellschafter ist es grundsätzlich verboten, nach Eintritt der Zahlungsunfähigkeit Lastschriften zu genehmigen.

2. Der Erfüllungszeitpunkt

- Die Genehmigungstheorie gilt im Rechtsverhältnis des Schuldners sowohl zu seiner Bank als auch zum Gläubiger.

- Die Einzugsermächtigung begründet keine Befugnis des Gläubigers, über das Konto des Schuldners zu verfügen.

- Die Gläubigerforderung ist vor Erteilung der Genehmigung durch den Schuldner nicht erfüllt.

3. Die Widerspruchsbefugnis des vorläufigen Insolvenzverwalters

- Der Anspruch des Gläubigers bildet vor der Genehmigung eine einfache Insolvenzforderung => daher generelle Widerspruchsbefugnis des vorläufigen Verwalters.

- Vor Erteilung der Genehmigung ist nichts aus dem Vermögen des Schuldners abgeflossen => daher generelle Widerspruchsbefugnis des vorläufigen Verwalters selbst bei Annahme einer auflösend bedingten oder einer schon bewirkten Erfüllung.

- Die Widerspruchsbefugnis steht sowohl dem starken als auch dem schwachen Insolvenzverwalter mit Zustimmungsvorbehalt zu.

4. Nr. 7 Abs. 3 AGB-Banken

- Die Klausel wirkt nicht gegenüber dem schwachen Insolvenzverwalter mit Zustimmungsvorbehalt:

  - Dieser tritt nicht in die Rechtsstellung des Schuldners ein.

  - Er kann nur das Wirksamwerden von Verfügungen des Schuldners verhindern.

- Die Klausel wirkt im Rechtsverhältnis zwischen der Schuldnerbank und dem vorläufigen starken Insolvenzverwalter in gleicher Weise wie gegenüber dem Schuldner während dessen Verfügungsberechtigung.

- Kein Schutz der Masse durch §§ 103 ff. InsO

- Keine Befreiung von der Vertragspflicht durch insolvenzrechtliche Sonderstellung.

5. Genehmigung durch den Insolvenzverwalter

- Keine Genehmigung durch bloßes Schweigen

- Die Aufgabe, das gesamte zur Insolvenzmasse gehörende Vermögen sofort in Besitz und Verwaltung zu nehmen (§ 148 Abs. 1 InsO) hat Bedeutung für die Bewertung des Verhaltens des Insolvenzverwalters.

- Veranlasst der Insolvenzverwalter unter Weiterbenutzung des Kontos mehrere Wochen lang nichts hinsichtlich der Lastschriften, so ist dies, grundsätzlich als deren Genehmigung zu werten.

VI. Die Unzulässigkeit des Lastschriftwiderrufes – BGH Urt. v. 10.06.2008 – XI ZR 283/07, WM 2008, 1963

1. Das Verfahren des Schuldners

Die rechtliche Verpflichtung des Schuldners, sittenwidrige Lastschriftwidersprüche zu unterlassen, trifft auch den vorläufigen Insolvenzverwalter.

2. Nr. 7 Abs. 3 AGB-Banken

Die Klausel wirkt auch gegenüber dem schwachen Insolvenzverwalter mit Zustimmungsvorbehalt.

VII. Weitere Fragen zum Lastschriftverfahren

1. Genehmigung und Bargeschäfte

Genehmigt der Schuldner oder der vorläufige Verwalter den Lastschrifteinzug, so soll bei der Beurteilung, ob eine Bardeckung vorliegt, auf den Zeitpunkt des Lastschrifteinzugs, nicht denjenigen der Genehmigung, abzustellen sein.

BGH, Urt. V. 29.05.2008 – IX ZR 42/07 NZI 2008, 482

2. Zuständigkeit

Das Insolvenzgericht hat nicht darüber zu entscheiden, ob der Treuhänder Lastschriften widerrufen darf.

BGH, Beschl. V. 25.09.2008 - IX ZA 23/08, WM 2008, 2175

Achtung Gläubigertipp: Haftung des Insolvenzverwalters **(BGH, ZInsO 2007, 33; BAG ZIP 2003, 1617)**

- Haftung des Insolvenzverwalters (BGH, ZInsO 2007, 33; BAG ZIP 2003, 1617)

- Verfolgung von Ansprüchen auf Schadensersatz der Arbeitnehmer gegen Insolvenzverwalter im arbeitsgerichtlichen Verfahren
- Verwalter nicht Schuldner der Verbindlichkeit der Masse
  - Kein Vergleich mit gesellschaftsrechtlicher Durchgriffshaftung
  - Forderung beschränkt auf das negative Interesse
- Weitere Auslegung des Begriffes der Rechtsnachfolge i.S.d. § 3 ArbGG

- Schadensersatzpflicht bei unberechtigter Untervermietung (BGH, ZInsO 2007,264)

- Verletzung einer insolvenzspezifischen Pflicht durch ungenehmigte Untervermietung
  - Gefährdung des Rückgabeanspruchs
  - Insolvenzspezifische Vereitelung des Hersausgabeanspruchs- Aussonderungsrechts
  - Haftung aus § 60 Abs. 1 InsO

- Haftungsbeschränkung auf negatives Interesse (vgl. Fischer, WM 2004, 2185, 2187)

- Keine Verschaffung eines Ersatzschuldners durch § 60 InsO
- Darlegung der des Bereitstehens eines solventen Anschlussmieters

- Haftung des Insolvenzverwalters (BAG, ZInsO 2007, 724; BAG, ZInsO 2007, 781; BAG, ZInsO 2007, 830)

- Gleichrangigkeit von Schadensersatzansprüchen aus § 60 Abs. 1 InsO und Haftungsansprüchen gegen den Betriebserwerber
- Primäre Begründung von Masseverbindlichkeiten gem. § 55 Abs. 1 Nr. 1 InsO durch Schlechterfüllung von Arbeitgeberpflichten
  - Beschränkung der Haftung des Verwalters aus § 60 InsO und § 61 InsO auf Ausnahmefälle
- Haftung nur auf negatives Interesse

- Haftung des Insolvenzverwalters für die gleichmäßige Befriedigung der Massegläubiger bei absehbarer Masseunzulänglichkeit

- Pflicht des Verwalters zur Vermeidung der Begleichung einzelner Masseverbindlichkeiten entgegen der Rangordnung des § 209 Abs. 1 InsO

- Befangenheit eines Sonderinsolvenzverwalters (BGH, ZInsO 2007, 326)

- Keine Geltendmachung von Befangenheitsanträgen gegen Sonderinsolvenzverwalter nach den Ablehnungsvorschriften der ZPO
- Anbringung von Befangenheitsgründen nur im Rahmen der §§ 56-59 InsO
- Kein beschwerderecht des Insolvenzverwalters bei Anlehnung seines Antrags auf Entlassung eines gerichtlich bestellten Sonderinsolvenzverwalters

Die Insolvenzmasse erfasst grundsätzlich das **gesamte Schuldnervermögen** im Zeitpunkt der Eröffnung, sowie das Vermögen, welches der Insolvenzschuldner während des Verfahrens erwirbt, § 35 InsO. Nun ist aber das Vermögen des Insolvenzschuldners, das der Verwalter vorfindet (**Ist-Masse**), nicht mit dem Vermögen identisch, welches den Insolvenzgläubigern zur Befriedigung dienen soll (**Soll-Masse**). Zum einen wird die Ist-Masse noch wegen Forderungen gegen die Masse vermindert, zum anderen wird sie durch den Einzug von Forderungen vermehrt. Erst danach wird die verteilungsfähige Soll-Masse erreicht. Der Gesetzgeber hat mit seiner Begriffswahl Verwirrung gestiftet: In § 35 InsO ist mit „Masse" die „Soll-Masse" angesprochen, in den §§ 53, 148 InsO meint „Masse" die „Ist-Masse".

Zur Soll-Masse gehört gem. § 35 InsO auch dasjenige Vermögen, das der Insolvenzschuldner während des Verfahrens erlangt (**Neuerwerb)**. Was der Insolvenzschuldner während des Verfahrens erwirbt, sei es Lohn oder Gehalt, sei es Sachvermögen, das er erbt, geschenkt bekommt, im Lotto gewinnt oder auf andere Weise erlangt, fällt in die Insolvenzmasse.

Gem. § 36 Abs. 1 Satz 1 InsO gehören **Gegenstände nicht zur Insolvenzmasse, die auch nicht der Zwangsvollstreckung** unterliegen. Es handelt sich hierbei um die für die Haushaltsführung und Erwerb durch persönliche Arbeit unentbehrlichen Sachen, ferner um Geldbeträge, deren Höhe dem unpfändbaren Arbeitseinkommen entspricht. Ausnahmen hiervon trifft § 36 Abs. 2 InsO, sofern nach Nr. 1 Geschäftsunterlagen (vgl. § 811 Abs. 1 Nr. 11 ZPO) und nach Nr. 2 Betriebe erfasst sind, die der Schuldner während des Insolvenzverfahrens ohnehin nicht fortführen kann, vgl. § 811 Ziff. 4 (Landwirtschaft), 9 (Apotheke) ZPO, und dessen Gesamtveräußerung der gemeinschaftlichen Befriedigung der Insolvenzgläubiger dienen soll. Nach § 36 Abs. 3 InsO gehört geringwertiger Hausrat ebenfalls nicht zur Insolvenzmasse. Zuständig für Entscheidungen, ob ein Gegenstand der Insolvenzmasse gem. § 36 Abs. 1 Satz 2 InsO unterliegt, ist das Insolvenzgericht, § 36 Abs. 4 InsO.

H. Insolvenzmasse (Überblick)

I. Umfang der Insolvenzmasse (Übersicht)

Die Insolvenzmasse umfasst (§§ 35, 36 InsO):

→ **das gesamte Vermögen des Schuldners, das der Zwangsvollstreckung unterliegt......**

Das unpfändbare Vermögen nach §§ 811 ff., 850 ff. ZPO fällt nach Maßgabe von § 36 InsO nicht in die Masse. Eingeschlossen sind aber insbesondere Geschäftsbücher (§ 36 Abs. 2 Nr. 1 InsO) und die in § 36 Abs. 2 Nr. 2 InsO genannten Sachen. Ausgeschlossen sind Gegenstände, die zum Hausrat/ Haushalt gehören (§ 36 Abs. 3 InsO),

......wenn das Vermögen dem Insolvenzschuldner zur Zeit der Verfahrenseröffnung gehört und wenn er es während des Verfahrens erlangt.

Dazu zählt auch das Vermögen, dass der Insolvenzschuldner während des Verfahrens erlangt (sog. Neuerwerb, also Erwerb durch Arbeit (sofern keine Freigabe nach § 35 Abs. 2 InsO), Schenkung oder Erbschaft nach Verfahrenseröffnung). Gegenstände, an denen ein Aussonderungsrecht besteht, gehören dem Insolvenzschuldner nicht.

II. Minderung der Ist-Masse

Auf dem Weg von der „Ist-Masse" zur „Soll-Masse" bewirken die **Aussonderung** (§§ 47 f. InsO) und die **Absonderung** (§§ 49 ff., 165 ff. InsO,) Verminderungen der Ist-Masse. Die Vermögensgegenstände, die der Aussonderung unterliegen, gehören nicht zur Insolvenzmasse und müssen daher aus der Masse ausgesondert werden; die Vermögensgegenstände, die der Absonderung unterliegen, sind mit Sicherungsrechten vor Verfahrenseröffnung belastet worden, so dass ihr Verwertungserlös abzüglich der Kostenbeiträge gem. §§ 170 f. InsO den Sicherungsgläubigern (=Absonderungsgläubigern) zufließt.

Zu Minderungen der Ist-Masse führt schließlich auch die **Aufrechnung** (§§ 94 ff. InsO) durch Gläubiger des Insolvenzschuldners. Nach §§ 94 ff. InsO können Gläubiger des Insolvenzschuldners ihre Forderungen dadurch befriedigen, dass sie gegen einen Anspruch des Insolvenzschuldners aufrechnen. Diese **Aufrechnungsmöglichkeit gilt ohne Einschränkungen** für den Fall, dass die Aufrechnungslage **bereits im Monat**

der Eröffnung des Insolvenzverfahrens bestand. Verneint wird die Aufrechnungsmöglichkeit aber in einigen Fällen, wenn die Aufrechnungslage erst **nach Eröffnung des Verfahrens** entstanden ist.

***Bsp.**: K hat einen Zahlungsanspruch von 80.000 € gegen den Insolvenzschuldner. Diesem schuldet K wiederum 15.000 €. Weil K weiß, dass die Insolvenzquote nur sehr niedrig sein wird, will er seine Forderung mit der des Insolvenzschuldners aufrechnen. Kann K das?*

Nach den allgemeinen Regeln hätte K grundsätzlich im Insolvenzverfahren über das Vermögen des Insolvenzschuldners seine Forderung anzumelden (§§ 38, 87 InsO). Dann hätte er sich wie alle anderen Insolvenzgläubiger mit der Insolvenzquote zu begnügen. Die Hauptforderung des Insolvenzschuldners dagegen, hätte K vollständig in die Masse zu leisten.

K könnte aber nach §§ 387, 388 Satz 1, 389 BGB mit seinem Anspruch in Höhe von 80.000 € (sog. Passivforderung (auch Gegenforderung genannt)) gegen die Forderung des Insolvenzschuldners in Höhe von 15.000,- € (Aktivforderung (auch Hauptforderung genannt)) aufrechnen. Voraussetzung für eine Aufrechnung im Insolvenzverfahren ist nach der Grundregel des § 94 InsO das Bestehen einer Aufrechnungslage im Zeitpunkt der Insolvenzverfahrenseröffnung. Der K müsste also zu dieser Zeit der Eröffnung des Insolvenzverfahrens zur Aufrechnung berechtigt ist. Nach § 94 InsO bleibt die Aufrechnungsmöglichkeit im Insolvenzverfahren also grundsätzlich erhalten. So liegt es auch hier: K kann aufgrund seiner Forderung gegen den Insolvenzschuldner aufrechnen, muss also nichts in die Masse leisten, weil die Hauptforderung voll erlischt. Die restliche Gegenforderung (65.000 €) muss angemeldet werden und insoweit erhält er (nur) die Quote.

Die §§ 94—96 InsO betreffen **nur die Aufrechnungsbefugnis der Insolvenzgläubiger**, für den Insolvenzverwalter regelt sich die Aufrechnungsbefugnis ausschließlich nach den allgemeinen Aufrechnungsbestimmungen gem. §§ 387 ff BGB.

Ist die Hauptforderung des Insolvenzgläubigers im Zeitpunkt der Verfahrenseröffnung schon begründet, aber noch bedingt, nicht fällig oder nicht gleichartig, so kann abweichend von §§ 41, 45 InsO erst dann aufgerechnet werden, wenn Aufrechnungshindernisse (also Bedingtheit, fehlende Fälligkeit oder Gleichartigkeit) behoben sind, § 95 Abs. 1 Satz 1 InsO.
Weiter wird die Aufrechnungsbefugnis nach § 96 InsO eingeschränkt. Danach muss die **Gegenseitigkeit der Forderungen bereits im Zeitpunkt der Verfahrenseröffnung bestanden** haben.

Eine Minderung der Insolvenzmasse bewirkt neben der Aufrechnung nach §§ 94 ff. InsO auch die **Befriedigung der Massegläubiger** (§ 53 InsO). Es wurde bereits dargestellt, dass Massegläubiger all diejenigen Gläubiger sind, deren Ansprüche erst nach der Eröffnung des Insolvenzverfahrens begründet und durch das Verfahren selbst veranlasst worden sind. Praktisch besonders häufig sind hierbei Gläubiger, deren Forderungen auf Handlungen des (vorläufigen) Insolvenzverwalters beruhen. Ins Gewicht fallen auch die **Sozialplanforderungen der Arbeitnehmer** eines in die Insolvenz gefallenen Unternehmens; diese sind ebenfalls (unechte) Masseforderungen, vgl. § 123 Abs. 2 Satz 1 InsO. Hier ist jedoch zu beachten, dass § 123 Abs. 2 InsO für diese Sozialplanforderungen vorsieht, dass für ihre Befriedigung (Berichtigung) **nicht mehr als ein Drittel der Masse verwendet werden darf**, die ohne den Sozialplan für die Verteilung an die Insolvenzgläubiger zur Verfügung gestanden hätte. Damit können Sozialplanforderungen erst erfüllt werden, wenn alle anderen Masseansprüche erfüllt sind.

Bsp.: *A arbeitet als Prokuristin in der A-GmbH, welche Infrarotgeräte vertreibt. Nach Eröffnung des Insolvenzverfahrens über das Vermögen der A-GmbH möchte A wissen, ob und in welchem Umfang ihr noch Gehaltsansprüche für die rückständigen sechs Monate und für die Zukunft zustehen.*

Für die Dauer der Weiterbeschäftigung nach Insolvenzverfahrenseröffnung bis zum Auslaufen der Kündigungsfrist (vgl. § 113 InsO) muss der Verwalter den Lohn in vollem Umfang vorweg aus der Masse bezahlen, da die A gem. § 55 Abs. 1 Nr. 2 Alt. 2 InsO Massegläubigerin ist.

Für die Zeit vor Insolvenzverfahrenseröffnung gilt § 108 Abs. 2 InsO: A ist für die Lohnansprüche, aus der Zeit vor Eröffnung nur Insolvenzgläubigerin. Praktisch hilft der A jedoch der Anspruch auf Insolvenzgeld, welches grundsätzlich den rückständigen Nettolohn für maximal drei Monate vor Verfahrenseröffnung (vgl. §§ 183 ff. SGB III) umfasst. Die Ansprüche der A gegen die A-GmbH gehen mit Zahlung auf die Bundesanstalt über, vgl. § 183 SGB III. Diese Ansprüche sind wiederum (auch im Falle der starken vorläufigen Verwaltung gem. § 55 Abs. 3 Satz 1 InsO) Insolvenzforderungen gem. § 38 InsO. Jedoch muss A Lohnforderungen für die weiteren drei aus dem früheren Zeitpunkt als Insolvenzgläubigerin zur Insolvenztabelle anmelden.

III. Vermehrungen der Ist-Masse

Vermehrungen bewirkt der Insolvenzverwalter zunächst durch den **Einzug von Forderungen**, die der Insolvenzschuldner gegen Dritte hat, die also Schuldner des Insolvenzschuldners sind. Dazu ist der Insolvenzverwalter gem. § 80 Abs. 1 InsO berechtigt und verpflichtet. Dieser Forderungseinzug wird durch den **offenen Arrest**, d.h. durch die Aufforderung des Gerichts an die Schuldner des Insolvenzschuldners nur noch an den Verwalter zu zahlen, §§ 28 Abs. 3, 30 Abs. 2 InsO, gesichert. Damit können sie mit befreiender Wirkung nur noch an den Verwalter leisten.

Bsp.: *Der Insolvenzschuldner hat eine Forderung gegenüber seinem Gläubiger G. Nach Eröffnung des Insolvenzverfahrens tritt er diese Forderung gegen G, die zur Masse gehört, an B ab. Nun fordert B von G Zahlung aufgrund der Forderung. Zu Recht ?*

B hätte dann einen Anspruch auf Zahlung, wenn die Forderung besteht und die Abtretung wirksam war. An der Wirksamkeit der Forderung bestehen keine Zweifel. Doch ist die Abtretung nach Verfahrenseröffnung gem. § 81 Abs. 1 Satz 1 InsO unwirksam. Unerheblich ist, dass weder G noch B am Insolvenzverfahren beteiligt sind: G ist der Schuldner des Insolvenzschuldners und B ist der Gläubiger der Forderung, jedoch kein Insolvenzgläubiger, weil ihm die Forderung nicht gegen den Insolvenzschuldner zusteht, vgl. § 38 InsO. Dem Zahlungsanspruch des B kann daher wegen § 81 Abs. 1 Satz 1 InsO der

G die (insolvenzrechtliche) Unwirksamkeit entgegenhalten. Der Grund für diese nur insolvenzrechtliche Unwirksamkeit ist, dass es im Interesse aller Insolvenzgläubiger des Insolvenzschuldners liegt, dass die Einziehung der Forderung bei G nach wie vor möglich ist, dieser aber die Inanspruchnahme durch B abwehren kann.

Ausnahmsweise hat auch die Leistung an den Insolvenzschuldner befreiende Wirkung, vgl. § 82 InsO. Die den §§ 28 Abs. 3 , 30 Abs. 2 InsO entsprechende Regelung in der Einzelzwangsvollstreckung ist § 829 Abs. 1 ZPO (**Arrestatorium**).

Schließlich bewirkt der Verwalter auch durch den Einzug von Forderungen, die aus der **Insolvenzanfechtung** resultieren, eine Vermehrung der Masse, §§ 129 Abs. 1, 143 Abs. 1, 130 ff. InsO. Sie hat nichts mit der Anfechtung nach §§ 119 BGB zu tun, ist also kein Gestaltungsrecht. Der Anfechtungsanspruch entsteht vielmehr mit Eröffnung des Verfahrens und verjährt nach zwei Jahren seit der Eröffnung, § 146 Abs. 1 InsO. Er kann im Streitfall mit allen formellen und materiellen Rechtsbehelfen durchgesetzt werden, in der Regel mit der Zahlungsklage. Mit der (erfolgreichen) Anfechtungsklage werden die Wirkungen von Rechtshandlungen des Insolvenzschuldners vor der Verfahrenseröffnung, die sich zu Lasten der Insolvenzgläubiger ausgewirkt haben, rückgängig gemacht.

Die insolvenzrechtliche Anfechtung ist im Gegensatz zur Anfechtung nach §§ 119 ff. BGB also kein Gestaltungsrecht,

da schon mit Eröffnung des Insolvenzverfahrens die beanstandeten Rechtshandlungen des Insolvenzschuldners **haftungsrechtlich unwirksam** werden und der Insolvenzverwalter diese Unwirksamkeit gegenüber dem Schuldner des Insolvenzschuldners notfalls mit allen formellen und materiellen Rechtsbehelfen geltend zu machen hat.

Damit greift die Insolvenzanfechtung in die Privatautonomie des Insolvenzschuldners ein, die ihm eigentlich vor Verfahrenseröffnung noch uneingeschränkt zustand. Denn grundsätzlich muss der Insolvenzschuldner erst nach Verfahrenseröffnung Beschränkungen seiner Privatautonomie hinnehmen, vgl. nur §§ 27, 80 Abs. 1 InsO. Die Erklärung dieses frühen Eingreifens der insolvenzrechtlichen Wirkungen ist, dass die Insolvenz „nicht wie ein Blitz aus heiterem Himmel" fällt, sondern sich schon vor der Verfahrenseröffnung der wirtschaftliche Ruin etappenweise andeutet und daher auch Beschränkungen vor Verfahrenseröffnung in Gestalt des insolvenzrechtlichen Anfechtungsrechts sachlich gerechtfertigt sind.

Der Sache nach dient die Anfechtung damit dem zentralen insolvenzrechtlichen **Gleichbehandlungsgrundsatz**, da sie verhindert, dass einige Gläubiger noch schnell vor Verfahrenseröffnung bevorzugt befriedigt werden, während sich die anderen Insolvenzgläubiger mit der Insolvenzquote begnügen müssen. Die Tatbestände, die auf dem Gleichbehandlungsgrundsatz beruhen, sind § 130 InsO (kongruente Deckung), 131 InsO (inkongruente Deckung), 132 InsO (unmittelbar benachteiligende Rechtshandlungen), 137 InsO (Modifizierung der kongruenten Deckung bei Wechsel- und Scheckzahlungen).

Bsp.: *Im Zwangsvollstreckungsverfahren hat der Gerichtsvollzieher auf Antrag des Gläubigers des späteren Insolvenzschuldners IS, aufgrund eines Vollstreckungstitels, im Hause des IS eine Kassenpfändung nach Stellung eines Eröffnungsantrages vorgenommen und dem Gläubiger 400,-€ abgeliefert (vgl. § 815 Abs. 1 ZPO). Drei Wochen später wird die Eröffnung des Insolvenzverfahrens über das Vermögen des IS veröffentlicht.*

In Betracht kommt eine Insolvenzanfechtung nach § 131 Abs. 1 Nr. 2 InsO. Zwar vollstreckt der Gläubiger aufgrund eines Titels gegen den IS. Doch können nach § 141 InsO auch Rechtshandlungen aufgrund eines vollstreckbaren Titels angefochten werden. Der Gläubiger des IS müsste gem. § 131 Abs. 1 Nr. 2 InsO eine inkongruente Deckung erhalten haben. Dies ist hier der Fall, da der Titel des Gläubigers keinen materiellrechtlichen Anspruch auf Befriedigung durch Zwangsvollstreckung begründet. Mit den Worten des § 131 Abs. 1 Satz 1 InsO hat die Zwangsvollstreckung dem Gläubiger "Befriedigung gewährt, die er nicht in der Art zu beanspruchen hatte." Auch sind die weiteren objektiven Voraussetzungen gegeben. Die inkongruente Deckung erfolgte nach Stellung des Insolvenzantrages. Subjektive Voraussetzungen sind nach § 131 Abs. 1 Nr. 2 InsO entbehrlich; der Anfechtungsanspruch besteht gem. §§ 143, 131 InsO.

Abwandlung: *Der Gläubiger hat aus Lieferung einen Zahlungsanspruch gegen IS. Pünktlich und vertragsgemäß zahlt IS an den Gläubiger, obwohl IS zu diesem Zeitpunkt nicht mehr in der Lage ist, alle seine Verbindlichkeiten zu erfüllen. Zum Zeitpunkt der Zahlung war ein Insolvenzantrag schon gestellt. Dies wusste der Gläubiger des IS. Hat eine Insolvenzanfechtung Erfolg und wenn ja, nach welcher Vorschrift?*

Es könnte eine Anfechtung nach § 130 Abs. 1 Nr. 2 InsO möglich sein. Da der Gläubiger die Zahlung von IS bekommen hat, die ihm vertragsgemäß zustand, liegt eine kongruente Deckung vor. Die erste Voraussetzung - Rechtshandlung nach dem Eröffnungsantrag - ist erfüllt. Auch war die Zahlungsunfähigkeit zu diesem Zeitpunkt gegeben, da nach § 17 Abs. 2 InsO die Zahlungsunfähigkeit in der Regel immer schon dann gegeben ist, wenn ein Schuldner nicht in der Lage ist, alle fälligen Zahlungspflichten zu erfüllen. So lag es hier. Schließlich liegen auch die subjektiven Voraussetzungen vor, für die der Insolvenzverwalter ebenfalls die Beweislast trägt (zu Ausnahmen sogleich unten), denn der Gläubiger wusste, das ein Insolvenzantrag im Zeitpunkt der Zahlung bereits gestellt war.

Eine Ausnahme gilt grundsätzlich für die sogenannten **Bargeschäfte**:

Die Anfechtung ist ausgeschlossen, wenn es sich um ein Bargeschäft (§ 142 InsO) handelt

Das heißt, dass der Austausch der Leistungen nicht nur **gleichwertig** ist, sondern auch in **unmittelbarem zeitlichen Zusammenhang** erfolgte. Grund für den Ausschluss der Anfechtung ist, dass sich der Insolvenzgläubiger mangels eines zeitlich gestreckten Leistungsaustausches keinen Kredit hat einräumen lassen. Vorsätzliche Benachteiligungen nach § 133 Abs. 1 InsO (vgl. Wortlaut des § 142 InsO) sowie Insidergeschäfte des § 133 Abs. 2 InsO unterfallen nicht der Anfechtungseinschränkung wegen Vorliegens eines Bargeschäfts (§ 142 InsO). § 142 InsO normiert aber den **insolvenzrechtlichen Grundsatz**, dass der Insolvenzschuldner in der Krise **nicht vom Geschäftsverkehr ausgeschlossen werden soll**, wenn zwei grundlegende Voraussetzungen gegeben sind: Das Bargeschäft muss die Leistung des Insolvenzschuldners durch eine **gleichwertige Leistung ausgleichen** und diese Leistungen müssen in **unmittelbarem zeitlichen Zusammenhang** stehen. § 142 InsO fügt diesen Voraussetzungen durch die Erwähnung des § 133 Abs. 1 InsO an, dass der **vorsätzlich Benachteiligende die Insolvenzfestigkeit nicht verdient**.

Anfechtbarkeit von Anwaltsberaterhonoraren

- Grundsätzlich sind Beraterhonorare in der Krise bargeschäftstauglich: Gerade in der Krise muss der Schuldner sich fachprofessionellen Rat einholen können.
- Allerdings sind die allgemeinen Voraussetzungen des Bundesgerichtshofes dahingehend zu erfüllen, dass zwischen Leistungserbringung des Beraters und der Zahlung des Schuldners maximal 30 Tage liegen dürfen.
- Der Austausch der Leistung kann in unterschiedlicher Reihenfolge erfolgen: Entweder Vorschuss anfordern und unmittelbar den Vorschuss innerhalb von 30 Tagen abarbeiten oder umgekehrt.
- Fundstellen: BGH, Urteil vom 06.12.2007, AZ: IX ZR 113/06 gleich ZIB 2008, S. 232, Aufsatz von Kirchof, Anfechtbarkeit der Vergütung vor insolvenzlicher Berater und Vertreter des Schuldners im folgenden Insolvenzverfahren, ZInsO 2005, S. 340

Schon an der ersten Voraussetzung mangelt es dem § 133 Abs. 2 InsO: Weil der Insidervertrag nach § 133 Abs. 2 InsO unmittelbar benachteiligend sein muss, ist die von § 142 InsO verlangte Gleichwertigkeit von Leistung und Gegenleistung **stets ausgeschlossen**.

Für die Insolvenzanfechtung wegen unentgeltlicher Leistungen (§ 134 InsO) oder wegen vorsätzlicher Benachteiligung (§ 133 InsO) ist allerdings nicht der Gleichbehandlungsgrundsatz, sondern sind die allgemeinen zivilrechtlichen Leitgedanken Rechtfertigung für die Insolvenzanfechtung, also die **Schwäche des unentgeltlichen Erwerbs** und das **unredliche Verhalten**.

Bsp.: *Der Insolvenzschuldner betrieb eine Zahnarztpraxis und hatte am 30.05.2003 seiner Tochter ein kleines einmastiges Boot – Jolle Joghurt - an der Kieler Förde geschenkt. Am 28.05.2002 erfolgt die Eröffnung des Insolvenzverfahrens durch das zuständige Insolvenzgericht. Während des Verfahrens entdeckt der Insolvenzverwalter nun diese Schenkung und will sie rückgängig machen.*

In Betracht kommt die Anfechtung nach § 134 Abs. 1 InsO. Die objektiven Voraussetzungen dieser Anfechtung liegen vor: Die Übertragung des Bootes erfolgte unentgeltlich und innerhalb des anfechtungsrelevanten Zeitraums, nämlich drei Jahre vor Verfahrenseröffnung und damit früher als vier Jahre vor Eröffnung. Subjektive Voraussetzungen kennt § 134 Abs. 1 InsO nicht, da der Grund der Anfechtung die bloße Unentgeltlichkeit der Leistung ist. Die Anfechtung ist auch nicht nach der Ausnahmebestimmung des § 134 Abs. 2 InsO ausgeschlossen, da eine Jolle objektiv kein gebräuchliches Gelegenheitsgeschenk geringen Wertes ist. Unerheblich sind dabei die wirtschaftlichen Gewohnheiten und Verhältnisse des Schenkers zur Zeit der Schenkung. Damit kann der Verwalter erfolgreich die Schenkung per Anfechtung nach § 134 Abs. 1 InsO rückgängig machen.

Aktuell: Insolvenzanfechtung gegenüber Arbeitnehmern

BGH-Urteil vom 19.02.2009, ZInsO 2009, S. 515 ff.

1. Weiß ein Arbeitnehmer, den der Arbeitgeber in der Krise noch Zahlung auf rückständige Lohnforderungen erbringt, dass der Arbeitgeber außer dem noch anderen Arbeitnehmern Lohn schuldig ist, rechtfertig allein diese Kenntnis nicht den Schluss ob die Zahlungsunfähigkeit oder Zahlungseinstellung des Arbeitgebers.

2. Ist der Gläubiger ein Arbeitnehmer des Schuldners ohne Einblick in die Liquidität oder Zahlungslage des Unternehmens, trifft ihn in der ihm bekannten Krise insoweit keine Erkundigungspflicht.

Arbeitsgericht Koblenz, Urteil vom 22.01.2009, ZInsO 2009, S. 487 ff.

1. Eine verspätete Lohnzahlung bleibt auch dann kongruent i. S. d. § 130 InsO, wenn die Rückstände in einer gerichtlichen Vergleichsurkunde tituliert und anschließend ratenweise beglichen werden.

2. Werden Löhne regelmäßig verspätet gezahlt und hat sich ein Arbeit auf diese Lohnzahlungspraxis eingestellt, so rechtfertigt dies allein nicht die Annahme, er habe Kenntnis der Zahlungsunfähigkeit der Schuldnerin oder Kenntnis von Tatsachen, die zwingend auf eine Zahlungsunfähigkeit schließen lassen.

3. Es bleibt offen, ob sich ein Arbeitnehmer auf den Einwand der Entreicherung berufen kann, wenn er anfechtbar erhaltenen Arbeitslohn für seinen Lebensunterhalt vollständig verbraucht hat.

Auch **Aufrechnungen** eines Gläubigers des Insolvenzschuldners gegen eine Forderung des Insolvenzschuldners sind **anfechtbar**.

Bestand die **Aufrechnungslage** bereits **bei Verfahrenseröffnung**, ist sie aber in **anfechtbarer Weise** herbeigeführt worden, so ist die **Aufrechnung ausgeschlossen**, § 96 Nr. 3 InsO. Dabei kommt es ausnahmsweise für die Wirksamkeit der Anfechtung nicht darauf an, dass der Insolvenzverwalter die Anfechtung erklärt. Notwendig ist nach § 96 Nr. 3 InsO nur, dass irgendeine Voraussetzung für die Aufrechnung in einer Weise geschaffen wurde, die die Anfechtbarkeit dieser Voraussetzung begründet (z.B. anfechtbare Begründung der Hauptforderung).

> ***Bsp.:*** *Der Gläubiger G hat eine Forderung gegen IS in Höhe von 20.000,-€. Da beiden Seiten klar ist, dass IS zahlungsunfähig ist kauft G noch schnell vor Verfahrenseröffnung den BMW Touring von IS zum (marktüblichen) Verkaufspreis von 25.000,-€. Kurz danach wird das Insolvenzverfahren über das Vermögen des IS eröffnet, in dem G gegenüber dem Insolvenzverwalter aufrechnet.*
>
> *Die Aufrechnung des G scheitert zwar nicht an § 96 Abs. 1 Nr. 2 InsO, da der G die Forderung gegen IS bereits vor Verfahrenseröffnung hatte und auch die Hauptforderung noch vor Eröffnung des Verfahrens (wirksam) begründet wurde. Sie scheitert aber an § 96 Abs. 1 Nr. 3 InsO i.V.m. § 130 Abs. 1 Nr. 3 InsO, da die Hauptforderung in anfechtbarer Weise begründet wurde.*

Die Anfechtungstatbestände können nach dem eben Gesagten in vier Kategorien aufgeteilt werden:

Nach den vier grundsätzlich unterschiedlichen Anfechtungstatbeständen können angefochten werden:

1) **Rechtshandlungen im Zeitpunkt der Krise**, §§ 130- 132, 137 InsO,
2) **vorsätzliche Benachteiligungen**, § 133 InsO,
3) **unentgeltliche Rechtshandlungen**, § 134 InsO und die
4) **Minderung von Gesellschaftskapital**, §§ 135, 136 InsO.

Hervorzuheben sind auch die neuen **Insiderregelungen**, die Verschärfungen der **Beweisbestimmungen** (vgl. §§ 130 III, 131 Abs. 2 2, 132 III, 133 II, 135, 136, 137 III, 145 Abs. 2 2 InsO) zu Lasten von Insidern - das Gesetz definiert sie als **„nahestehende Personen“** (vgl. § 138 InsO) - vorsehen.

Im Falle der Anfechtung von Rechtshandlungen im Zeitpunkt der Krise ***-1)-*** und von vorsätzlichen Benachteiligungen ***-2)-*** greift gegenüber Insidern eine für den Insolvenzverwalter vereinfachte Beweislast (vgl. §§ 130 II, 131 Abs. 2 Satz 2, 132 II, 137 Abs. 2 Satz 2, 145 Abs. 2 Nr. 2 InsO). Nach ihr hat der Verwalter nur zu behaupten und im Streitfalle zu beweisen, dass der Anfechtungsgegner Insider ist, die Rechtshandlungen in den anfechtungsrelevanten Zeitraum fallen und zur tatbestandlichen Gläubigerbenachteiligung führten.

Daneben stellt die Insolvenzordnung im Falle der Anfechtung von vorsätzlichen Benachteiligungen ***-2)-*** und von Minderungen des Gesellschaftskapitals ***-4)-*** Tatbestandsregeln auf, nach der die Qualifizierung des Anfechtungsgegners als Insider tatbestandliche Voraussetzung der Anfechtung ist (vgl. §§ 133 II, 135, 136). Die Anfechtung von unentgeltlichen Leistungen ***-3)-*** ist gegenüber Insidern nicht mehr erleichtert anfechtbar (vgl. § 134). Das ist gerechtfertigt, da die Anfechtung unentgeltlicher Leistungen (auch - ungenau - Schenkungsanfechtung genannt) sich allein wegen der objektiven Schwäche des unentgeltlichen Erwerbs rechtfertigt und somit für eine subjektive Beweislastumkehr kein Platz ist.

Grund dieser Verschärfung ist, dass bei **persönlich Nahestehenden** (§ 138 Abs. 1 InsO) wegen der **Unterstützungsbereitschaft** aufgrund vertraulicher, familiären Nähe zum Insolvenzschuldner und bei **gesellschaftsrechtlich** (§ 138 Abs. 2 Nr. 1 und 2 InsO) und **sonstigen Nahestehenden** (§ 138 Abs. 2 Nr. 3 InsO) wegen ihrer **besonderen Informationsmöglichkeiten** die Kenntnis anfechtungstatbestandlicher Umstände vermutet werden kann. Diese Regelung wird also dem Insolvenzverwalter die Durchsetzung des Anfechtungsanspruches bereits im Vorfeld eines Prozesses erleichtern und trägt damit zur Anreicherung der Masse bei.

Die Insolvenzanfechtung kann **nicht nur angriffsweise, sondern auch verteidigungsweise** geltend gemacht werden. Das bedeutet, dass der Insolvenzverwalter die Erfüllung einer Leistungspflicht verweigern kann, wenn diese auf einer anfechtbaren Handlung beruht, Einrede des § 146 Abs. 2 InsO. Nach § 146 Abs. 2 InsO gilt dies auch dann, wenn der Anfechtungsanspruch bereits **verjährt** ist. Grund dieser Regelung ist, dass der Anfechtungsgegner kein Vertrauen in eine bereits erlangte Leistung genießt. Der Insolvenzverwalter muss in diesem Fall die Anfechtung also nicht aktiv geltend machen, sondern kann abwarten, ob der Leistungsberechtigte die (anfechtbare) Forderung durchsetzen will.

***Bsp.**: Der spätere Insolvenzschuldner gibt seinem Freund 2 Jahre vor Eröffnung des Insolvenzverfahrens ein selbständiges (abstraktes) Schuldanerkenntnis (§ 771 BGB), wonach er ihm 40.000,-€ schulde. Zweck dieses Anerkenntnisses ist es, den Freund vor allen anderen Gläubigern zu bevorzugen. Der Insolvenzschuldner sagt daher zu seinem Freund, just nachdem er die Unterschrift unter das Anerkenntnis gesetzt hatte: „So, jetzt werden all die anderen leer ausgehen." Der Verwalter erfährt 2 ½ Jahre nach der Verfahrenseröffnung von dem Geschäft im Rahmen der Anmeldung dieser Forderung zur Insolvenztabelle. War das Geschäft zwischen Insolvenzschuldner und seinem Freund anfechtbar (a))? Wie setzt der Insolvenzverwalter die Anfechtung durch (b))?*

a) Das Anerkenntnis ist nach § 133 Abs. 1 InsO anfechtbar, da es die Gläubiger benachteiligt und von dem Insolvenzschuldner mit dem Vorsatz vorgenommen wurde, seine anderen Gläubiger zu benachteiligen. Der Freund wusste auch von diesem Benachteiligungsvorsatz und die Rechtshandlung fand auch im anfechtungsrelevanten Zeitraum von 10 Jahren vor Eröffnung des Insolvenzverfahrens statt, vgl. § 133 Abs. 1 InsO. Doch der Anfechtungsanspruch könnte nach § 146 Abs. 1 InsO verjährt sein, da der Verwalter nach Ablauf der zweijährigen Verjährungszeit, nämlich erst nach 2 ½ Jahren nach Verfahrenseröffnung von dem Anerkenntnis erfährt. Doch hilft hier dem Verwalter der § 146 Abs. 2 InsO: Trotz Ablaufes der Verjährung kann der Verwalter einredeweise (= verteidigungsweise) die Anfechtung geltend machen, da er nichts zur Masse einziehen, sondern die Masse nur vor (anfechtbaren) Ansprüchen schützen will.

b) Die Insolvenzanfechtung kann wie oben gezeigt als haftungsrechtlicher Anspruch mit allen formellen und materiellen Rechtsbehelfen durchgesetzt werden. In diesem Falle wird der Insolvenzverwalter die angemeldete Forderungen aufgrund von § 133 InsO im Rahmen der Forderungsprüfung bestreiten, vgl. § 178 Abs. 1 InsO. Dem Gläubiger, dem Freund des Insolvenzschuldners, bleibt es dann gem. § 179 InsO überlassen, die Feststellungsklage zu erheben. In diesem Prozess kann der Insolvenzverwalter dann verteidigungsweise die Anfechtbarkeit gem. § 133 InsO geltend machen.

Für die Anfechtbarkeit von Grundstücksgeschäften ist zu beachten, dass ein **Grundstücksgeschäft nach § 147 InsO** angefochten werden kann, auch wenn es **erst nach Verfahrenseröffnung** vorgenommen wurde. Das gilt jedoch nur für den gutgläubigen Grundbucherwerb (§ 892 f. BGB). Die Möglichkeit der Anfechtbarkeit nach § 147 InsO ist ein Ausgleich dafür, dass Grundbuchgeschäfte nicht der unbedingten Unwirksamkeitsfolge nach Verfahrenseröffnung gem. §§ 81, 89, 91 InsO unterfallen, sondern gleichwohl wirksam sein können.

Neueste Entscheidungen zur Insolvenzanfechtung:

Insolvenzfestigkeit der Globalzession

InsO §§ 130,131, 142; BGB § 398

1. Globalzessionsverträge sind auch hinsichtlich der zukünftig entstehenden Forderungen grundsätzlich nur als kongruente Deckung anfechtbar.

2. Das Werthaltigmachen zukünftiger Forderungen aus Globalzession ist als selbstständige Rechtshandlung anfechtbar, wenn es dem Vertragsschluss zeitlich nachfolgt; insoweit handelt es sich ebenfalls um eine kongruente Deckung, wenn dies für das Entstehen der Forderung zutrifft.

3. Die Insolvenzanfechtung von global abgetretenen, zukünftig entstehenden Forderungen scheitert grundsätzlich nicht am Vorliegen eines Bargeschäfts.

BGH, Urt. v.29. 11. 2007 – IX ZR 30/07 (LG Berlin), NZI 2008, 89 = ZIP 2008, 183 = DZWir 2008, 193 = ZInsO 2008, 91 = ZVI 2008, 24; S. dazu auch das Editorial von Leithau, NZI Heft 2/2008, V, und den Beitrag von Bruckhoff, NZI 2008,87,Ebenso die Anm. von Mitlehner, ZIP 2008, 189.

Insolvenzanfechtung der Vergütung für anwaltliche Dienstleistungen - Bargeschäft

InsO §§ 142, 131, 134 I, 218 I; BRAGO §§ 3 I, 18; BGB §§ 267 II, 627 II

1. Zur Frage des Bargeschäfts bei Leistungen eines Rechtsanwalts, den der Schuldner mit der Stellung des Insolvenzantrags und der Entwicklung eines Insolvenzplans beauftragt hat.

2. Bei einer anwaltlichen Dienstleistung ist das Vorliegen eines Bargeschäfts zu verneinen, wenn zwischen Beginn der Tätigkeit und Erbringung der Gegenleistung mehr als 30 Tage liegen. Auch stellt das bloße Versprechen, eine Leistung zu erbringen, nochunmittelbare Gegenleistung i. S. von § 142 InsO dar.

3. Es ist einem Rechtsanwalt, der in den Genuss des Bargeschäftsprivilegs kommen will, möglich und zumutbar, in regelmäßigen Abständen Vorschüsse einzufordern, die in etwa dem Wert seiner inzwischen entfalteten Tätigkeit entsprechen.

BGH, Urt. v. 6. 12. 2007 – IX ZR 113/06 (OLG Frankfurt), NZI 2008, 173 = ZIP 2008, 232 = DZWir 2008, 127 = ZInsO 2008, 101

Anfechtung einer Voraussetzung von Mietforderungen

InsO §§ 130, 140, 143

Der gem. § 140 I InsO für die Insolvenzanfechtung maßgebliche Zeitpunkt ist bei einer Vorausabtretung von Mietforderungen der Zeitpunkt, in dem die Mietforderung entsteht. Vorher hat der Zessionar keine gesicherte Rechtsstellung erlangt (Leitsatz der Verfasser)

OLG Brandenburg, Urt. v. 21. 11. 2007 – 12 U 67/07, ZInsO 2008, 211 = NJW-Spezial 2008, 279

Anfechtung der Verrechnungen im Kontokorrent bei offen gehaltener Kreditlinie

InsO §§ 129, 131 I Nr. 1

1. Verrechnungen einer Bank im letzten Monat vor dem Antrag auf Eröffnung des Insolvenzverfahrens, die bei einem Kontokorrentkredit im Ergebnis zu einer Verringerung des Debetsaldos führen, sind auch dann inkongruent, wenn die Kreditlinie offen gehalten wurde.

2. Bei einer inkongruenten Deckung scheidet die Annahme eines Bargeschäfts aus.

OLG Karlsruhe, Urt. v. 4. 9. 2007 – 17 U 355/06,NZI 2008, 247 (= ZIP 2007, 2367 = Rechtsprechungsübersicht von Dahl/Sternal, Beilage zu NZI Heft 4/2008, 26)

Im Zusammenhang der Insolvenzanfechtung ist die **Rückschlagsperre** gem. § 88 InsO zu sehen. Danach ist geregelt, dass Sicherheiten, die im letzten Monat vor dem Eröffnungsantrag durch Zwangsvollstreckung erlangt wurden, ipso iure, also automatisch, unwirksam werden.

J. Möglichkeiten der Schuldenregulierungen außerhalb der Restschuldbefreiung – Pläne nach der InsO -

Seit 1999 ist in einem einheitlichen Insolvenzverfahren die Möglichkeit der einvernehmlichen Schulden- und Haftungsregulierung durch Insolvenzplan- und Schuldenbereinigungsverfahren geregelt. Ersteres ist die Möglichkeit für Schuldner eines Regelinsolvenzverfahrens, letzteres diejenige für Schuldner eines sog. Verbraucherinsolvenzverfahrens gem. § 304 InsO.

Ist der Schuldner Verbraucher i.S.d. § 304 InsO finden die Regeln zum Insolvenzplan (§ 217 ff. InsO) keine Anwendung, vgl. § 312 Abs. 3 InsO. Umgekehrt gelten gerichtliche wie außergerichtliche Schuldenbereinigungsversuche i.S.d. § 305 InsO nicht für den Schuldner eines Regelinsolvenzverfahrens, also für Personen, die selbständig wirtschaftlich tätig sind oder für Korporationen, § 304 InsO.

Vorgänger dieser Verfahren sind Vergleichsregelungen zur Konkursordnung und Vergleichsordnung, welche bis 1999 Geltung hatten. Insolvenzplan- und Schuldenbereinigungsverfahren unterscheiden sich jedoch grundlegend von ihren Vorgängern; sie sind kaum mit ihnen vergleichbar: Das privatautonome Regelungsspektrum ist gegenüber Zwangsvergleichen nach der KO bzw. GesO oder Vergleichen nach der VglO erheblich erweitert. Für die Autonomie der Gläubiger gilt dies ebenfalls.

I. Insolvenzplan

1. Überblick zum Ablauf eines Insolvenzplanverfahrens

Normalerweise wird durch das Insolvenzverfahren das Vermögen des Insolvenzschuldners verwertet. Im Verfahren nach der alten Konkursordnung war das Verfahren allein auf diesen Verwertungszweck ausgelegt, § 117 Abs. 1 KO. Nach der neuen Insolvenzordnung hingegen haben die Gläubiger die Freiheit, von den gesetzlich vorgesehenen Verwertungsregelungen abzuweichen und statt dessen nach einem Insolvenzplan vorzugehen.

Seit Inkrafttreten der Insolvenzordnung ist jedoch von der Möglichkeit einen Insolvenzplan aufzustellen nur spärlich Gebrauch gemacht worden. Das liegt wohl insbesondere daran, dass das Insolvenzplanverfahren zu kompliziert und aufwendig ausgestaltet ist und zudem Insolvenzgläubiger aufgrund diverser Minderheitenrechte die Möglichkeit haben, das Planverfahren zu torpedieren, so dass die praktische Bedeutung des Insolvenzplanverfahrens gering ist, zumal das zentrale Ziel der Sanierung auch im Regelinsolvenzverfahren verfolgt werden kann.

Der Insolvenzplan kann entweder die Verwertung oder Sanierung des Unternehmens vorsehen. Sanierung bedeutet nicht nur die wirtschaftliche Gesundung eines Unternehmens sondern auch die Übertragung des insolventen Unternehmens auf einen anderen Rechtsträger (sog. übertragende Sanierung).

Als Mittel der Flexibilisierung des Verfahrens und der Sanierung von Unternehmen gilt der Insolvenzplan als das „Kernstück" des neuen Rechts. Nach § 1 Satz 1 InsO kann das Planverfahren insbesondere zum Erhalt des Unternehmens durchgeführt werden und in der Tat wird in dieser Sanierung die Hauptaufgabe des Insolvenzplans bestehen: Soll eine Sanierung gelingen, so ist ein rechtlicher Rahmen notwendig, in dem klargestellt ist, nach welchem Konzept, z.B. in welchem Zeitplan Investoren gefunden werden, in welcher Höhe Insolvenzgläubiger oder Absonderungsberechtigte auf Forderungen verzichten oder ob sie zu verbindlichen Stundungen bereit sind usf.

Auch wenn die Sanierung insbesondere zum Erhalt von Arbeitsplätzen besonders vorteilhaft ist, so darf die Sanierung nur Platz greifen, sofern sie voraussichtlich die bestmögliche Gläubigerbefriedigung gewährleisten kann. Das zu entscheiden, obliegt den Gläubigern, § 235 InsO. Bis aber über den Plan überhaupt entschieden werden kann, muss der Plan zunächst dem Insolvenzgericht vorgelegt worden sein. Dazu sind nur der Insolvenzschuldner und der Verwalter berechtigt, § 218 Abs. 1 InsO.

Der Plan gliedert sich in einen darstellenden Teil (§ 220 InsO) und in einen gestaltenden Teil (§ 221 InsO).

Im darstellenden Teil wird festgestellt, was seit Verfahrenseröffnung geschehen ist.

Im gestaltenden Teil wird dargestellt, wie sich die Rechtsstellung der absonderungsberechtigten Gläubiger und Insolvenzgläubiger geändert hat.
Zudem werden im gestaltenden Teil die Gläubigergruppen bestimmt, unterschieden nach Absonderungsberechtigten (die in der Regel auch Insolvenzgläubiger sind), nicht nachrangigen und nachrangigen Insolvenzgläubigern, § 222 InsO.

Bsp.: Im Insolvenzverfahren über das Vermögen des IS gibt es einige wenige Großgläubiger, die die Mehrheit der Forderungssummen innehalten und viele Kleingläubiger. Wenn etwa geplant ist, die Kleingläubiger voll zu befriedigen und die Großgläubiger einen Verzicht ihrer Forderungen in Kauf nehmen sollen, kann es gerechtfertigt sein, die Großgläubiger und die Kleingläubiger in zwei eigene Untergruppen zusammenzufassen (§ 222 Abs. 2 S. 2 InsO).

Kreditrahmen können nach Maßgabe von § 264 InsO vor anderen Planforderungen privilegiert werden. Dies ist vorgesehen, um die Unterstützung des Unternehmens mit "frischem Geld" zu ermöglichen.
Das Insolvenzgericht kann einen mangelhaften Plan nach § 231 InsO ablehnen.

Tut es das nicht, leitet das Gericht den vorgelegten Plan an den Insolvenzschuldner, den Verwalter und den Gläubigerausschuss weiter, § 232 InsO.

Jeder Verfahrensbeteiligte kann sich außerdem über den in der Geschäftsstelle des Insolvenzgerichts ausgelegten Plan informieren, § 234 InsO. Wenn der vorgelegte Insolvenzplan durch weitere Verwertung der Masse gefährdet wird, kann das Gericht auf Antrag die Aussetzung anordnen, § 233 InsO. Die Gläubigergruppen (§ 222 InsO) stimmen gesondert über den Insolvenzplan ab, §§ 235, 244 ff. InsO. Der Plan ist angenommen, wenn alle Gruppen zustimmen. Eine Gruppe stimmt zu, wenn die Mehrheit der abstimmenden Gläubiger (Kopfmehrheit, § 244 Abs. 1 Nr. 1 InsO) und die Mehrheit der gesamten Forderungen der Gruppe (Summenmehrheit, § 244 Abs. 1 Nr. 2 InsO) zustande gekommen ist. Das neuartige Obstruktionsverbot nach § 245 InsO fingiert die Zustimmung einer Gruppe trotz fehlender Mehrheit im Wesentlichen dann, wenn die Insolvenzgläubiger mit dem Plan nicht schlechter gestellt werden als sie ohne Plan stünden (Werthaltigkeitsprinzip).

Bsp.: Der Insolvenzplan sieht volle Befriedigung einer Gläubigergruppe vor. In diesem Fall berührt der Plan die Rechte dieser betroffen Gläubiger gar nicht und sie müssen darum auch nicht gefragt werden, vgl. § 237 Abs. 2 InsO.

Im Übrigen darf kein anderer Insolvenzgläubiger der Gruppen besser gestellt werden (Gleichbehandlungsgrundsatz). Neben den verfassungsrechtlichen Bedenken aus Art. 14 Abs. 1 GG ist die Schwäche dieser Vorschrift, auf Prognosen angewiesen zu sein: Der Richter kann bei widerstreitender Gutachten häufig Entscheidungen nur auf unsicherer Grundlage treffen. Nach Annahme des Plans bestätigt ihn das Gericht, § 248 InsO. Vorher hat das Gericht die im Plan festgelegten Bestätigungsvoraussetzungen (§ 249 InsO), die Verfahrensverstöße (§ 250 InsO) und den den bedeutsamen Minderheitenschutz nach § 251 InsO zu berücksichtigen. Mit Rechtskraft des Plans treten die in ihm festgelegten Wirkungen ein, § 254 Abs. 1 Satz 1 InsO. Die Forderungen der Insolvenzgläubiger sind also jetzt (teilweise) erlassen und / oder gestundet. Die erlassenen Forderungen bleiben allerdings Naturalobligationen.

***Bsp.**: Ein Insolvenzgläubiger hat mehr Erlös erhalten, als ihm nach dem Insolvenzplan zusteht. Nun will der Insolvenzverwalter das Erlangte zurückerhalten, um es der Insolvenzmasse zukommen zu lassen. Zu Recht ?*

Das Erlangte kann der Insolvenzgläubiger bis zum Betrag seiner Forderung, die er zur Tabelle angemeldet hat (vgl. § 174 InsO), behalten, § 254 Abs. 2 InsO. Es besteht nämlich trotz des Plans eine Naturalobligation, die ein Recht zum Behaltendürfen begründet. Der Insolvenzverwalter kann daher den Erlös nicht herausverlangen.

Das Insolvenzgericht beschließt dann die Aufhebung des Verfahrens (§ 258 Abs. 1 InsO) und macht den Beschluss öffentlich bekannt (§ 258 III InsO), nachdem der Verwalter die unstreitigen Masseansprüche berichtigt hat (§ 258 Abs. 2 InsO). Der Insolvenzschuldner ist von nun an kein Insolvenzschuldner mehr, da er wieder frei über die Masse verfügen kann, § 259 Abs. 1 InsO.

Allerdings lebt das Insolvenzverfahren nach § 255 InsO wieder auf, wenn der Insolvenzschuldner seinen Verpflichtungen nicht nachkommt, (sog. Wiederauflebensklausel). Ein weiteres Druckmittel zur Durchsetzung des Planinhalts ist § 257 InsO, wonach aus dem Plan die Zwangsvollstreckung gegen den Insolvenzschuldner betrieben werden kann. Zu beachten ist jedoch, dass die Zwangsvollstreckung auch gegen Mitschuldner, Bürgen oder andere Mitverpflichtete betrieben werden kann, wenn diese schriftlich erklärt haben, dass sie für die Erfüllung des Insolvenzplans (ohne Einrede der Vorausklage) einstehen werden, § 257 Abs. 2 InsO. Im Insolvenzplan kann schließlich auch die Überwachung der Erfüllung des Plans vorgesehen werden, § 260 InsO. Grundsätzlich richtet sich die Überwachung nach den §§ 261 ff. InsO und ist i.d.R. Aufgabe des Insolvenzverwalters § 261 Abs. 1 Satz 1 InsO.

2. Grafische Übersicht

(§§ 217-269 InsO)

Vorschlagsrecht(=Initiativrecht):
Der Insolvenzverwalter oder der Insolvenzschuldner,
§ 218 Abs. 1 Satz 1 InsO
§ 20 InsO: Auskünfte des Insolvenzschuldners z. Plan

Verwertungsplan
(=Liquidationsplan)
(die Ausnahme):

Im Insolvenzplan ist vorgesehen, das Vermögen des Insolvenzschuldners zu verwerten.

Übertragungsplan:
Im Insolvenzplan ist vorgesehen, das Unternehmen vom Träger des Unternehmens zu trennen und auf einen anderen Rechtsträger zu übertragen (sog. übertragende Sanierung)

Sanierungsplan:
Im Insolvenzplan ist vorgesehen, das Unternehmen des Insolvenzschuldners durch Sanierungsmaßnahmen (z.B. Stundungen oder Investitionen) zu erhalten.

- **Niederlegung von Plan und Stellungnahmen**
- **Erörterungs- und Abstimmungstermin**
- **Ladung mit Planabdruck**
- §§ 235, 236 InsO: **Erörterungstermin**
- § 241 InsO: **Gesonderter Abstimmungstermin**
- - §§ 248, 252 InsO: **Bestätigung des Gerichts,**
- **Obstruktionsentscheidung**
- **Planüberwachung**

3. Verfahrensgrundsätze im Insolvenzplanverfahren

a. Planinitiativrecht, § 218 Abs. 1 InsO
b. Minderheitenschutz
   aa) sachgerechte Gruppenabgrenzung, § 222 Abs. 2 Satz 2 InsO
   bb) Gleichbehandlungsgrundsatz, § 226 InsO
   cc) Mehrheitsprinzip in den Gruppen
      - § 244 Abs. 1 Nr. 1 InsO: Kopfmehrheit
      - § 244 Abs. 1 Nr. 2 InsO: Summenmehrheit
c. Obstruktionsverbot
   aa) „Zustimmung" einer Gruppe fingiert, wenn
      - Gruppenmehrheit, § 245 Abs. 1 Satz 3 InsO;
      - keine Schlechterstellung durch Plan, § 245 Abs. 2 InsO;
      - angemessene Beteiligung, § 245 Abs. 2 InsO
   bb) Bestätigungsversagung auf Gläubigerwiderspruch, wenn durch Plan Schlechterstellung, § 251 InsO
   cc) Zustimmungsfiktion nachrangiger Gläubiger, § 246 InsO
      - bei Nichtbeteiligung
      - bei Teilbefriedigung der normalen Insolvenzgläubiger
   dd) Zustimmungsfiktion beim Schuldner
      - mangels Widerspruch
      - mangels Schlechterstellung

Erörterungs- und Abstimmungstermine im Insolvenzplanverfahren:

a. Grundsatz: Ein Termin innerhalb eines Monats, § 235 InsO
   - Bekanntmachung
   - Ladung
   - Planabdruck oder Zusammenfassung
b. Einheitlicher Termin:
   aa) Stimmrechtsfestsetzung (Beachte: Rechtspfleger-Entscheidung ohne vorläufige Forderungskürzung gem. § 256 InsO. Rechtspfleger-Entscheidungen bei Abstimmungen überprüfbar, § 18 Abs. 3 RpflG) Stimmrechtsfestsetzung durch Einigung, sonst schätzt das Insolvenzgericht, § 77 InsO
   bb) Planänderung grundsätzlich möglich; § 240 InsO
   cc) Abstimmung
c. Abstimmungstermin
   innerhalb eines Monats
   - Hinweis auf Planänderung
   - schriftliche Abstimmung mit Stimmzettel

d. Anhörung des Verwalters, Gläubigerausschuss, Schuldner, § 248 Abs. 2 InsO

4. Gerichtliche Vorprüfung

Nach Vorlage durch Insolvenzschuldner oder Insolvenzverwalter

- Prüfung des Initiativrechtes (Schuldner Plan, Verwalterplan oder beauftragter Verwalterplan)

Prüfung auf Verstöße gegen:

- zwingenden Inhalt, § 231 Abs. 1 Nr. 1 InsO
- keine Aussicht auf Annahme oder Bestätigung, § 231 Abs. 1 Nr. 2 InsO
- offensichtliche Unerfüllbarkeit, § 231 Abs. 1 Nr. 3 InsO
- wiederholte Planvorlage, § 231 Abs. 2 InsO

Rechtsfolgen der Vorprüfüng

Zurückweisung des Insolvenzplans

- ➢ Rechtsmittel der sofortigen Beschwerde, § 231 Abs. 3 InsO

Nachbesserungsfrist gem. § 231 Abs. 1 Nr. 1 InsO

Zulassung des Insolvenzplans

- ➢ Einholung der Stellungnahmen, § 232 InsO
- ➢ ggf. Aussetzung der Verwertung, § 233 InsO
- ➢ Niederlegung des Plans auf der Geschäftsstelle, § 234 InsO
- ➢ Bestimmung des Erörtertungs- und Abstimmungstermins, § 235 Abs. 1 InsO

5. Erörterungs- und Abstimmungstermin gem. §§ 235 ff. InsO

Terminierung durch das Insolvenzgericht binnen Monatsfrist, § 235 Abs. 1 InsO

öffentliche Bekanntmachung und Einsichtsmöglichkeit, § 235 Abs. 2 InsO

gesonderte Ladung mit Zusendung der Planzusammenfassung an

- ➢ Insolvenzgläubiger
- ➢ Absonderungsberechtigte
- ➢ Insolvenzverwalter
- ➢ Insolvenzschuldner
- ➢ ggf. Betriebsrat /Sprecherausschuss für leitende Angestellte

Erörterung des Insolvenzplans

- ➢ Erläuterung der Plans durch den Vorlegenden
- ➢ Änderungsmöglichkeit gem. § 240 InsO nur durch den Vorlegenden
- ➢ Erörterung der Absonderungsrechte, § 238 InsO

6. Stimmrechtsfestsetzung und Abstimmungsverfahren

Stimmberechtigt sind nur Gläubiger, die durch den Plan beeinträchtigt werden, § 237 Abs. 1 InsO

a. Festsetzung des Stimmrechts gem. §§ 237 Abs. 1, 77 Abs. 1 InsO
   (Achtung: Gegen Festsetzung durch den Rechtspfleger kann Antrag bis zum Schluss des Termins nach § 18 Abs.3 RPflG gestellt werden. Neufestsetzung und Wiederholung der Abstimmung).

Es nehmen teil:

- Insolvenzgläubiger gem. § 38 InsO, soweit Forderung zur Tabelle angemeldet und weder vom Insolvenzverwalter noch Mitgläubiger bestritten
- Nachrangige Insolvenzgläubiger gem. § 39 InsO sind grundsätzlich stimmberechtigt, vgl. § 237 Abs. 1, weil § 77 Abs. 1 Satz 2 InsO keine Anwendung findet. Zu beachten ist jedoch § 225 InsO, wonach die nachrangigen Forderungen im Zweifel als erlassen gelten. Nach § 246 InsO kann weiter die Zustimmung der nachrangigen Gläubiger vereinfacht ersetzt werden.
- Absonderungsberechtigte Gläubiger als Insolvenzgläubiger, § 237 Abs. 1 Satz 2 InsO, d.h. nur wenn Schuldner dem Gläubiger persönlich haftet und zwar in Höhe des Ausfalls, den der Gläubiger trotz Absonderungsrechts erleiden wird.
- Absonderungsberechtigte gem. § 238 InsO, sofern in Absonderungsrechte eingegriffen wird, § 238 Abs. 2, § 237 Abs. 2 InsO und das Absonderungsrecht unbestritten ist.

b. Die Stimmliste ist vom Insolvenzgericht gem. § 239 InsO zu erstellen

c. Abstimmungsverfahren, §§ 243 ff. InsO

- Jede Gläubigergruppe hat einzeln abzustimmen, § 243 InsO (Ausnahme schriftliche Abstimmung, §§ 241 f. InsO)
- Erforderliche Mehrheiten nach § 244 InsO müssen zustandekommen: Kopfmehrheit, § 244 Abs. 1 S. 1 InsO und Summenmehrheit, § 244 Abs. 1 S. 2 InsO. Es ist auf die abstimmenden Gläubiger abzustellen. Enthaltung gilt nicht als Ablehnung. Die Zustimmung kann nach § 245 InsO ersetzt werden (Obstruktionsverbot).

7. Obstruktionsverbot, § 245 InsO, und Minderheitenschutz, § 251 InsO

a. Obstruktionsverbot

aa. Formelle Voraussetzungen

die Mehrheit der abstimmenden Gruppen hat dem Plan zugestimmt, § 245 Abs. 1 S. 3 InsO

bb. Materielle Voraussetzungen

- keine Schlechterstellung der ablehnenden Gläubiger im Vergleich zum gesetzlichen Regelinsolvenzverfahren
- angemessene Beteiligung am wirtschaftlichen Wert, § 245 Abs. 1 S. 2 InsO

§ 245 Abs. 1 S. 2 (angemessene Beteiligung) InsO wird in Abs. 2 InsO abschließend konkretisiert:

- kein anderer Gläubiger erhält wirtschaftliche Anteile, die den vollen Betrag seines Anspruchs übersteigen.
- weder ein Gläubiger, der ohne einen Plan mit Nachrang gegenüber den Gläubigern der Gruppe zu befriedigen wäre, noch der Schuldner oder eine an ihm beteiligte Person erhält einen wirtschaftlichen Wert
- kein Gläubiger, der ohne eine Plan gleichrangig mit den Gläubigern der Gruppe zu befriedigen wäre, wird besser gestellt als diese Gläubiger

b. Minderheitenschutz

Komplettiert § 245 InsO durch Antragrecht des Gläubigers auf Versagung der Bestätigung,
Glaubhaftmachung der Schlechterstellung (§ 251 Abs. 2 InsO), konkreter Quotenvergleich erforderlich. Antrag bis spätestens im Abstimmungstermin erforderlich

Rechtsfolge: ggf. Versagung der Bestätigung des Insolvenzplans

8. Annahmeerklärung des Schuldners, § 247 InsO

- Zustimmung gilt als erteilt, wenn nicht spätestens im Abstimmungstermin widersprochen wird
- Widerspruch ist unbeachtlich, wenn

  keine Schlechterstellung des Schuldners im Vergleich zum Regelinsolvenzverfahren

  keine Bereicherung der Gläubiger

9. Bestätigung des Insolvenzplans, § 248 InsO

Bestätigung ist zwingend erforderlich, § 248 Abs. 1 InsO

Vor der Bestätigung :

Anhörung gem. § 248 Abs. 2 InsO von

- Insolvenzverwalter
- Gläubigerausschuss
- Schuldner

Prüfungskompetenz des Insolvenzgerichts, § 250 InsO

- Überprüfung der erforderlichen Mehrheiten
- Zustimmung des Schuldners, § 247 InsO
- Inhalt und verfahrensmäßige Vorschriften nur dann, wenn seit der Prüfung gem. § 231 InsO der Plan geändert wurde
- unlautere Herbeiführung der Annahme, § 250 InsO

Eintritt etwaiger Bedingungen gem. § 249 InsO, sofern im Insolvenzplan vorgesehen

Bekanntgabe der Entscheidung, § 252 InsO

- im Abstimmungstermin
- gesonderter Termin
- erneute Versendung des Plans bzw. der Zusammenfassung an die Gläubiger, § 252 Abs. 2 InsO

Rechtsmittel: sofortige Beschwerde, §§ 253, 4 InsO i.V.m. § 577 ZPO

10. Wirkungen des rechtskräftig bestätigten Plans, § 254 InsO

Der Insolvenzplan wird zwei Wochen nach Bestätigungsbeschluss rechtskräftig, sofern keine sofortige Beschwerde eingelegt wurde.

Wirkung

formell:

- Aufhebung des Insolvenzverfahrens, § 258 Abs. 1 InsO, sofern Insolvenzverwalter gem. § 258 Abs. 2 InsO unstreitige Masseansprüche bedient und für streitige Sicherheit geleistet hat.
- Erlöschen der Ämter des Insolvenzverwalters und der Mitglieder des Gläubigerausschusses, § 259 InsO
- Ausnahme: Anhänge Rechtsstreitigkeiten zu Insolvenzanfechtungsansprüchen (§§ 129 ff. InsO) werden vom Insolvenzverwalter weitergeführt, § 259 Abs. 3 InsO

materiell-rechtlich

alle im gestaltenden Teil festgelegten Wirkungen treten ein und zwar für und gegen alle Insolvenzgläubiger, auch diejenigen, die nicht am Verfahren teilgenommen haben, § 254 Abs. 1 Satz 3 InsO. Aber: Berechtigung gegen Rückgriffsschuldner (Bürgen etc.) bleibt bestehen, § 254 Abs. 2 InsO.

11. Wiederauflebensklausel, § 255 InsO und Zwangsvollstreckung aus dem Insolvenzplan, § 257 InsO

Nichterfüllung der im Plan vorgesehenen Ansprüche hat zweierlei Folgen:

a. Wiederauflebensklausel

=> Verlust von Stundung und Teilerlass

gegenüber betroffenen Gläubigern, wenn erheblicher Rückstand im Sinne von § 255 Abs. 1 Satz 2 InsO: Mahnung und zweiwöchige Nachfrist

gegenüber allen Gläubigern, wenn neues Insolvenzverfahren eröffnet worden ist, § 255 Abs. 2 InsO

b. Einzelzwangsvollstreckung

Die Insolvenztabelle gilt als Vollstreckungstitel i.V.m. dem Insolvenzplan, § 257 Abs. 1 Satz 1 InsO.

Leben Forderungen gem. § 255 InsO wieder auf, kann der Gläubiger hinsichtlich des gesamten ursprünglichen Betrages die Zwangsvollstreckung betreiben. Die Voraussetzungen des Wiederauflebens hat der Gläubiger glaubhaft zu machen, § 257 Abs. 3 InsO i.V.m. § 4 InsO, § 294 ZPO.

Zwangsvollstreckung ist auch gegen Plangaranten gem. § 257 Abs. 2 InsO möglich, z.B. Übernahmegesellschaft, sofern im Plan vorgesehen.

12. Planüberwachung, §§ 260 ff. InsO

a. Überwachung der Erfüllung des Plans ist in der Regel vorgesehen, aber nicht zwingend, § 260 Abs. 1 InsO

b. Die Ämter des Insolvenzverwalters, der Gläubigerausschussmitglieder und die Aufsicht des Insolvenzgerichts bleiben insoweit bestehen, § 261 Abs. 1 Satz 1 InsO

c. jährliche Berichtspflicht des Insolvenzverwalters, § 261 Abs. 2 InsO

d. Anzeigepflicht bei Nichterfüllung, § 262 InsO

e. Zustimmungsvorbehalte können vorgesehen werden, § 263 InsO (Solange die Überwachung währt, sind Rechtsgeschäfte dann ohne Zustimmung gem. §§ 81 Abs.1, 263 S. 2 InsO unwirksam. Ansprüche des Schuldners können solange auch nicht erfüllt werden, §§ 82, 263 Satz 2 InsO)

f. Aufhebung der Überwachung, wenn die Ansprüche erfüllt sind oder Erfüllung gewährleistet ist oder wenn die Aufhebung des Insolvenzverfahrens drei Jahre zurückliegt, und kein neuer Antrag gestellt wurde, § 268 InsO.
Aufhebung ist bekannt zu machen, das Grundbuch entsprechend zu berichtigen, § 268 Abs. 2 InsO.

g. Kosten der Überwachung trägt der Überwachte, § 269 InsO

K. Außergerichtliches und gerichtliches Schuldenbereinigungsverfahren

I. Allgemeines zum Schuldenbereinigungsplan

Der Schuldenbereinigungsplan stellt eine Besonderheit des Verbraucherinsolvenzverfahrens dar. Der Schuldner hat seinem Verbraucherinsolvenzantrag einen Schuldenbereinigungsplan beizufügen, § 305 Abs. 1 Nr. 4 InsO.

Seiner Rechtsnatur nach ist der Schuldenbereinigungsplan ein Vertrag zwischen dem Schuldner und seinen Gläubigern. Im Falle der Annahme des *außergerichtlichen* Schuldenbereinigungsplans hat dieser die Wirkung eines außergerichtlichen Vergleichs gem. § 779 BGB. Der angenommene *gerichtliche* Schuldenbereinigungsplan wird als Prozessvergleich i.S.v. § 794 Abs. 1 Nr. 1 ZPO verstanden.

Rechtliche Einordnung:

Ist der Schuldner Verbraucher i.S.d. § 304 InsO finden die Regeln zum Insolvenzplan (§ 217 ff. InsO) keine Anwendung, vgl. § 312 Abs. 3 InsO. Umgekehrt gelten gerichtliche wie außergerichtliche Schuldenbereinigungsversuche i.S.d. § 305 InsO nicht für den Schuldner eines Regelinsolvenzverfahrens, also für Personen, die selbständig wirtschaftlich tätig sind oder für Korporationen, § 304 InsO.

Außergerichtliche wie gerichtliche Schuldenbereinigungen sind Teil der privaten Initiative der sog. Verbraucher i.S.d. § 304 InsO.

Die Schuldenbereinigungsversuche, gerichtliche wie außergerichtliche (vgl. § 305 InsO), sind als Vorstufe zum eigentlichen Verbaucherinsolvenzverfahren konzipiert. Scheitern diese können natürliche Personen als Schuldner (in Regel- wie Verbraucherinsolvenzverfahren) ihrer Haftung noch mittels Restschuldbefreiung entgehen, §§ 287 ff. InsO).

Mit Schuldenbereinigungsplänen soll die Herbeiführung einer gütlichen Einigung eines Verbrauchers mit den künftigen Insolvenzgläubigern vor Einleitung eines aufwändigen Insolvenzverfahrens erreicht werden.

Dieser Versuch der gütlichen Einigung im Wege des Schuldenbereinigungsverfahrens erfolgt genau genommen zwei Mal – scheitern beide, folgt ein vereinfachtes Verbraucherinsolvenzverfahren. Daraus ergibt sich eine Dreistufigkeit des Verbraucherinsolvenzverfahrens:

1. Stufe:
Außergerichtliches Schuldenbereinigungsverfahren,
(§ 305 Abs. 1 Nr. 1 InsO).

2. Stufe:
Gerichtliches Schuldenbereinigungsverfahren
(§§ 305 Abs. 1 Nr. 4; 307 bis 310 InsO).

3. Stufe:
Verbraucherinsolvenzverfahren,
(=vereinfachtes Insolvenzverfahren, §§ 311-314 InsO)

Dieses dreistufige Verfahren kommt allerdings nur bei **Antrag des Insolvenzschuldners** zu Stande (§ 305 Abs. 1 InsO). Ist der Antrag nämlich allein von Seiten der Insolvenzgläubiger gestellt, dann wird nur das vereinfachte Verfahren (die 3. Stufe) durchgeführt (§ 306 III InsO). Der Insolvenzschuldner kann aber neben den Gläubigern ebenfalls einen Insolvenzantrag stellen und somit auf diese Dreistufigkeit bestehen (dazu unten).

II. Außergerichtlicher Schuldenbereinigungsplan

Bereits vor Antragstellung muss Schuldner einen Versuch unternommen haben, sich mit den Gläubigern außergerichtlich zu einigen, § 305 Abs.1 Nr.1 InsO, da ansonsten der Antrag des Schuldners auf Verfahrenseröffnung unzulässig ist. Dadurch erfahren die Gläubiger schon vor Beantragung der Insolvenz von der Zahlungsunfähigkeit des Schuldners. Bevor der Schuldner diesen Versuch unternimmt, muss er seine Gläubiger auffordern, ihm jeweils den aktuellen Forderungsstand mitzuteilen und sie darauf hinweisen, dass er beabsichtigt, ein Insolvenzverfahren zu beantragen.

1. Form des außergerichtlichen Schuldenbereinigungsplans

Es ist sinnvoll den außergerichtlichen Plan bereits so auszugestalten, dass er im Falle seines Scheiterns geeignet ist, die Basis für einen gerichtlichen Schuldenbereinigungsplan zu bilden.

Der Schuldner muss den Plan schriftlich niederlegen und er hat bestimmte Mindestangaben zu beinhalten:

- ein Verzeichnis des vorhandenen Vermögens und des Einkommens → a)
- ein Verzeichnis der Gläubiger und der gegen den Schuldner geltend gemachten Forderungen → b)
- Regelungen, die unter Berücksichtigung der Gläubigerinteressen einerseits und der Vermögens-, Familien- und Einkommensverhältnissen des Schuldners andererseits geeignet sind, eine angemessene Schuldenbereinigung zu führen und
- Angaben, ob und inwieweit Bürgschaften, Pfandrechte und andere Sicherheiten der Gläubiger vom Plan berührt werden

a) Vermögensverzeichnis

Man kann sich bei Erstellung des Vermögensverzeichnisses an Formularen orientieren, die Gerichte für die Abnahme einer eidesstattlichen Versicherung nach § 807 ZPO verwenden bzw. welche Anforderungen Gerichte an eidesstattliche Versicherungen gem. § 900 ZPO stellen.

Im Vermögensverzeichnis sind Angaben zu machen über:

- Vorhandenes Bargeld
- Wertpapiere (inkl. Wechsel, Schecks)
- Wohnungseinrichtung und Kleidung (ohne Spezifika bei Gegenständen bescheidener Lebensführung)
- Fahrzeuge
- Unter Eigentumsvorbehalt erworbene Gegenstände
- Gepfändete Rechte und Sachen
- Freiwillig zur Pfändung oder zwecks Sicherheitsleistung übergebene Sachen (unter Angabe des Sicherungsnehmers und der gesicherten Forderung)

Hinsichtlich der **Einkommensverhältnisse** soll der Schuldner Auskunft geben über:

- Benennung des Arbeitgebers
- Genaues Arbeitsentgelt (brutto / netto / Zulagen) → Bescheinigung des Arbeitgebers hierüber wünschenswert
- Renten
- Versorgungsbezüge unter Bezeichnung des Leistungsverpflichteten und der auszahlenden Stelle
- Sozialleistungen, die der Schuldner bezieht

- Weitere Einkommensarten (Einkommen aus Zusatz-, Nebentätigkeiten, Einkünfte aus Vermietung, Verpachtung, Kapitalvermögen etc.)
- Auflistung streitiger Forderungen zu Gunsten des Schuldners

b) Gläubigerverzeichnis
Hierin sind aufzuführen:

- Gläubiger mit Namen und vollständiger Anschrift
- Deren Forderungen nach Art, Höhe, Schuldgrund, Zinssatz und ggf. Sicherheit

Auch streitige Forderungen zu Lasten des Schuldners dürfen dabei nicht verschwiegen werden. Sie sind mit dem vollen Betrag anzusetzen, den der Gegner fordert.

c) weitere Angaben
Der Schuldner soll seine Familienverhältnisse wegen Unterhaltspflichten und Pfändungsfreigrenzen angeben. Auch die bevorstehende Geburt eines Kindes sollte erwähnt werden, da sie sich unmittelbar auf Unterhaltspflichten und Pfändungsfreigrenzen auswirkt.

2. Regelungen im außergerichtlichen Schuldenbereinigungsplan - Planinhalte

Die Gestaltung, wie mit den Schulden im Weiteren verfahren werden soll, unterliegt weitestgehend der Vertragsfreiheit. Der Plan soll jedenfalls zu einer angemessenen Berücksichtigung widerstreitender Interessen führen. Er darf Regelungen enthalten z.B. zu

- vorübergehenden Stundungen, Ratenzahlungen,
- Zinsstundungen, Zinsverzichte, Zinssenkungen,
- einem weitgehenden Verzicht auf die Forderungen
- Eingriffen in Sicherheiten.

Er kann sich nur auf den Schuldner beschränken, darf aber auch Verpflichtungen Dritter aufnehmen.

Zu bedenken ist immer der Handlungsspielraum der Gläubiger: Dieser ist beschränkt durch die gesetzlichen Reglungen der Restschuldbefreiung, die zum Zuge kommt, wenn außer-gerichtliche und gerichtliche Schuldenbereinigung scheitern: Die Gläubiger erhalten dann in aller Regel 7 Jahre lang die pfändbaren Teile des schuldnerischen Arbeitseinkommens.

a) Null-Plan

Der Vorschlag kann auch in einem so genannten Null-Plan bestehen. Wenn nicht zu erwarten ist, dass innerhalb der Frist der Restschuldbefreiung vom Schuldner ein über Pfändungsfreigrenzen hinaus gehendes Einkommen erzielt wird, kann er den Gläubigern im Ergebnis nur einen Plan vorlegen, der sie um Forderungsverzicht ersucht. Gesetzlich wird keine Mindestquote für die Befriedigung der Gläubiger verlangt, so kann die Lösung des Überschuldungsproblems auch mit einem vollständigen Erlass erzielt werden. Wenn ohnehin keine verteilbare Masse vorhanden und zu erwarten ist, führt dies letztendlich auch zu keiner wirtschaftlichen Benachteiligung der Gläubiger.

Bei Null-Plänen unterscheidet man wie folgt:

Fast-Null-Plan: Der Schuldenbereinigungsplan sieht im Verhältnis zu verbleibenden Restforderungen sehr geringe Zahlungen des Schuldners an die Gläubiger vor.

Starrer-Null-Plan: Weitere Leistungen des Schuldners werden endgültig ausgeschlossen.

Flexibler-Null-Plan: Der Plan sieht Zahlungen des Schuldners für den Fall vor, dass dieser wider Erwarten zu pfändbarem Einkommen oder zu einem Vermögenszuwachs, z.B. durch eine Erbschaft, kommt. Auch hier verschlechtert der Gläubiger seine Position, da er weitestgehend auf seine Forderung gegen die bloße Aussicht auf Verbesserung der schuldnerischen Vermögenslage verzichtet.

War die Zulässigkeit solcher Nullpläne lange Zeit umstritten, werden Null-Pläne nunmehr in der Rechtssprechung der Insolvenzgerichte ganz überwiegend für zulässig gehalten. Dafür spricht das Argument, dass man mittellose Schuldner nicht vom Zugang zur Restschuldbefreiung ausschließen soll und die InsO keine Mindestquote zur Befriedigung der Gläubiger vorschreibt. Dagegen wird nur noch vereinzelt argumentiert, dass Null-Pläne den Gläubigerinteressen in keiner Weise Rechnung tragen, so dass das Verfahren dazu führt, dass Gläubigerforderungen entschädigungslos erlöschen.

b) Vorschlag mit überobligatorischen Leistungen

Grundsätzlich kann der Schuldner den Gläubigern auch einen Teil seines pfändungsfreien Arbeitsentgelts überlassen, wenn sich diese z.B. im Gegenzug auf eine Verkürzung der 7-Jahre-Frist einlassen. Dies ist für Gläubiger insoweit riskant, wie es ihnen verwehrt ist, den Schuldner zur Einhaltung seiner Versprechen durch Vollstreckungsmaßnahmen zu zwingen. Denn: Ein Verzicht auf Pfändungsschutz ist vor Pfändung nicht möglich. Die Einhaltung der Pfändungsschutzvorschriften liegt im öffentlichen Interesse, ist aus sozialpolitischen Gründen erlassen und deshalb nicht disponibel. Daher werden Gläubiger bei einem solchen Vorschlag grundsätzlich eine Verfallklausel aufgenommen wissen wollen.

c) Vorschlag unter Einbeziehung der Leistung Dritter

Aussichtsreich dürfte ein Plan sein, die den Gläubigern eine schnelle Befriedigung eines Teils ihrer Forderungen anbietet – hier könnten sie eher zu einem höheren Verzicht bereit sein. So können sich beispielsweise Verwandte verpflichten, einen bestimmten Geldbetrag einmalig zur Verteilung an die Gläubiger zur Verfügung zu stellen.

d) Beachte: Keine Geltung von § 294 Abs. 2 InsO

Der Gläubiger darf im außergerichtlichen Schuldenbereinigungsplan mit den Gläubigern unterschiedliche Regelungen treffen, da das Gleichbehandlungsgebot des § 294 Abs. 2 InsO nicht gilt. Dennoch darf er ihnen nicht vorspiegeln, dass er alle gleichbehandeln würde, dann setzt er sich der Gefahr aus, dass ein Gläubiger den Plan nach erteilter Zustimmung wegen arglistiger Täuschung (§123 BGB) erfolgreich anficht.

Muster eines außergerichtlichen Schuldenbereinigungsplanes ausgestaltet als Flexibler-Null-Plan

Außergerichtlicher Einigungsversuch nach den Vorschriften der Insolvenzordnung (InsO)

«Anrede_Gläubiger»

in vorbezeichneter Angelegenheit zeige ich an, die Interessen von «Vorname_Schuldner» «Nachname_Schuldner» (im Folgenden Schuldner genannt) zu vertreten. Eine auf mich lautende Vollmacht wird anwaltlich versichert. Namens und in Vollmacht des Schuldners unterbreite ich Ihnen im Folgenden einen außergerichtlichen Schuldenbereinigungsvorschlag (Vergleichsvorschlag). Durch die Annahme des Vorschlags könnte die Durchführung des Insolvenzverfahrens vermieden werden und die Insolvenzgläubiger eine Befriedigungsquote erhalten, welche aller Voraussicht nach über derjenigen eines (kostenträchtigen) Insolvenzverfahrens läge.

Wirtschaftliche Situation von «Vorname_Schuldner» «Nachname_Schuldner»:

Der Schuldner verfügt gemäß der beigefügten Auskunft über die persönlichen und wirtschaftlichen Verhältnisse über keine pfändbaren Vermögenswerte. Die genaue Einkommens-, Familien- und Vermögenssituation ist in dem anliegenden Personalbogen: Angaben zur Person und in der Vermögensübersicht erläutert. «Anrede_Schuldner» ist bei «Anzahl_der_Gläubiger_insgesamt» Gläubigern mit insgesamt «Gesamtverschuldung» verschuldet.

Eine Mindestbefriedigungsquote ist im Gesetz nicht festgelegt. Folglich können auch einkommensschwache Schuldner, bei denen keine pfändbaren Einkommensanteile vorhanden sind, grundsätzlich die Restschuldbefreiung erlangen.

Analog zur Wohlverhaltensperiode im Insolvenzverfahren sieht unser außergerichtlicher Einigungsvorschlag eine Laufzeit von 6 Jahren vor.
Derzeit errechnen sich zwar keine pfändbaren Beträge, durch Veränderungen der Lebensumstände und der Einkommenssituation können sich jedoch während der Planlaufzeit pfändbare Beträge ergeben.

In der Anlage erhalten Sie den Schuldenbereinigungsplan, der die Forderungen der einzelnen Gläubiger, sowie die für jeden Gläubiger zutreffende Quote in der Gesamtübersicht ausweist. Ihre Forderung ist laufende Nr. «GläubigerNr».

Der Schuldner ist bereits seit langem zahlungsunfähig im Sinne von § 17 InsO. Sollte dieser Schuldenbereinigungsvorschlag scheitern, wäre der Schuldner gezwungen Insolvenzantrag zu stellen. In diesem Falle käme Ihnen bereits aufgrund der Verfahrenskosten, die gem. §§ 53, 54 InsO vorweg zu zahlen sind, weniger Geld zu als im Falle der Annahme dieses sog. **flexiblen Null- Schuldenbereinigungsplanes**:

1. Der Schuldner verpflichtet sich, für die Dauer von 72 Monaten den dem Anteil der Forderungen der einzelnen Gläubiger an der Gesamtverschuldung entsprechenden Teil seines jeweils nach § 850 c ZPO pfändbaren Einkommens an die Gläubiger zu zahlen. Nach Ablauf der Planlaufzeit von 72 Monaten wird die Restforderung erlassen.

2. Die Zahlungen erfolgen jeweils am 15. 02. eines jeden Jahres. Die Zahlungen beginnen erstmals am 15.02 eines jeden Jahres, nachdem alle Gläubiger dem Vergleich zugestimmt haben. Rechtliche Einwendungen gegen die Forderungen bleiben ausdrücklich vorbehalten.

3. Zur Sicherung dieser Vereinbarung verpflichtet sich der Schuldner, einen Treuhandvertrag mit einem niedergelassenen Rechtsanwalt oder Notar abzuschließen.
An diesen tritt er sein gem. § 850 c ZPO pfändbares Einkommen für die oben genannte Laufzeit der Treuhandvereinbarung ab. Sollte eine Abtretung nicht möglich sein, verpflichtet sich der Schuldner, die Beträge an den Treuhänder zu zahlen. Der außergerichtliche Treuhänder zieht die Beträge ein, verwaltet sie treuhänderisch und verteilt sie jeweils zum 15.02. eines jeden Jahres entsprechend den weiteren Bestimmungen des Plans an die Gläubiger. Der Treuhänder ist berechtigt, für seine Tätigkeit dem treuhänderischen Vermögen als Vergütung vorab einen Betrag in Höhe von 5 % oder mindestens 100 € der eingegangenen Beträge zu entnehmen.

4. Während der Laufzeit von 72 Monaten werden die jeweils pfändbaren Beträge gleichmäßig an alle Gläubiger gemäß dem Anteil ihrer Forderungen an der Gesamtverschuldung verteilt. Der jeweilige Anteil ist dem Gläubiger- und Forderungsverzeichnis zu entnehmen. Das Gläubiger- und Forderungsverzeichnis kann angepaßt werden, wenn sich nachweislich ergibt, dass Forderungen einzelner Gläubiger wider Erwarten höher oder niedriger sind.
Nach Beendigung der Laufzeit werden noch bestehende Restforderungen erlassen, bestehende Abtretungen und andere ggf. bestehenden Sicherheiten verlieren dann ihre Gültigkeit.

5. Der Schuldner verpflichtet sich, während des o.g. Zeitraumes eine angemessene Erwerbstätigkeit auszuüben und sich im Falle der Erwerbslosigkeit um eine Beschäftigung zu bemühen. Ein während der Laufzeit anfallendes Erbe wird er zur Hälfte des Nettoertrags an den Treuhänder zur Verteilung an alle Gläubiger zahlen.

6. Der Schuldner verpflichtet sich, auf Anforderung einmal jährlich Auskunft über seine Einkommenssituation zu erteilen.
Die Gläubiger verpflichten sich, während der ungestörten Laufzeit des Vergleiches keine Zwangsvollstreckungsmaßnahmen gegen den Schuldner durchzuführen, laufende Lohn- und Kontopfändungen ruhend zu stellen und nicht aus der Lohnabtretung vorzugehen.

7. Eine vorzeitige Kündigung der Vergleichsvereinbarung ist möglich, wenn der Schuldner mit mindestens zwei vollen Raten in Verzug ist.

8. Nach Ablauf der Vertragslaufzeit und ordnungsgemäßer Erfüllung der Ratenverpflichtung verpflichten sich die Gläubiger, den Schuldenerlass unverzüglich schriftlich zu bestätigen, bestehende Schuldtitel auszuhändigen und die Forderungserledigung an die SCHUFA zu melden.

9. Erfüllt der Schuldner die im Schuldenbereinigungsplan festgelegte Zahlungsvereinbarung nicht oder kommt er mit der Zahlung in Verzug, wird wieder die ursprüngliche Hauptforderung nebst Kosten und Zinsen abzüglich geleisteter Zahlungen fällig.

10. Der Schuldner hat während der Laufzeit des Planes jeden Wohnungswechsel und jeden Wechsel des Arbeitsplatzes den Gläubigern anzuzeigen.

11. Der Schuldner hat eine angemessene Erwerbstätigkeit auszuüben und, wenn er ohne Beschäftigung ist, sich um eine solche zu bemühen und keine zumutbare Tätigkeit abzulehnen. Hierüber ist er den Gläubigern auf Verlangen nachweispflichtig.

12. Der Schuldner versicht, dass er keine vorsätzlich falschen Angaben macht.

13. In der Person des Schuldners liegt keiner der in § 290 InsO genannten Versagungsgründe vor.

14. Verstößt der Schuldner gegen eine der in den vorgenannten Punkten vereinbarten Nebenabreden, sind die Gläubiger berechtigt, die Zustimmung zum Schuldenbereinigungsplan zu widerrufen.

15. Diese Vereinbarungen werden ausschließlich mit dem Schuldner vereinbart. Etwaige weitere für diese Forderung haftende Personen sind davon nicht betroffen.

Wir bitten um Ihre schriftliche Zustimmung zu diesem Vorschlag **bis zum ....** Der Einfachheit halber können Sie zum Zeichen Ihrer Zustimmung dieses Schreiben gegengezeichnet an meine Telefaxnummer senden. Für den Fall, dass nicht alle Gläubiger zustimmen, wird «Anrede_Schuldner» voraussichtlich bei Gericht Antrag auf Eröffnung des Insolvenzverfahrens mit anschließender Restschuldbefreiung stellen.

Mit freundlichen Grüßen

Anlagen
Vermögensübersicht
Gläubiger- u. Forderungsverzeichnis

Rechtsanwalt

3. Weiterer Verfahrensgang

Der Schuldner muss den Plan seinen Gläubigern übermitteln und um deren Antwort in angemessener Frist ersuchen. Die Länge der Frist ist gesetzlich nicht geregelt – als Orientierung sollte die Monatsfrist des § 305 Abs. 3 InsO dienen. Eine Verpflichtung der Gläubiger zur Äußerung besteht gegenüber einem ihnen vorgelegten außergerichtlichen Schuldenbereinigungsplan nicht. Eine einmalige Erinnerung und Bitte um Antwort ist zumutbar und zur Dokumentation der Ernsthaftigkeit des Versuchs der Schuldenbereinigung notwendig.

Sollten alle Gläubiger diesem Plan zustimmen, findet kein weiteres Verfahren statt, da dann das Ziel der außergerichtlichen Schuldenbereinigung erreicht wurde. In diesem Falle hat der Plan die Wirkung eines außergerichtlichen Vergleichs gem. § 779 BGB.

Der außergerichtliche Schuldenbereinigungsplan bildet aber keinen Vollstreckungstitel. Sofern der Plan dies vorsieht, kann er durch notarielle Beurkundung als sog. Unterwerfungsklausel zu einem vollstreckbaren Titel ausgestaltet werden, vgl. § 794 Abs. 1 Nr. 5 ZPO). Dies ist nur möglich, wenn der Plan die Zahlung einer einmaligen Geldleistung durch den Schuldner oder durch Dritte vorsieht oder zu betragsgemäß von vornherein vereinbarten Raten verpflichtet.

Die Nachbesserung des Plans ist möglich, aber nur dann sinnvoll, wenn Gläubiger, die gegen den Plan stimmen erkennen lassen, dass sie bei Änderung einer bestimmten Sache dem Plan zustimmen würden. Der Schuldner kann den Plan auch wiederholt nachbessern.

Verweigert nur einer der Gläubiger endgültig seine Zustimmung, ist das außergerichtliche Verfahren gescheitert und die von § 305 Abs. 1 Nr. 1 InsO geforderte außergerichtliche Einigung erfolglos versucht worden. Der Schuldner muss nun binnen sechs Monaten den Antrag auf Verfahrenseröffnung stellen.

Schweigen einzelner oder aller Gläubiger gegenüber dem außergerichtlichen Schuldenbereinigungsplan gilt als Ablehnung des unterbreiteten Vorschlags.

Erlassfalle:
Vereinzelt versuchen Schuldner, sich von Verbindlichkeiten gegenüber Banken durch die Übersendung eines "Vergleichsangebots" zu befreien. Sie schildern in dem Schreiben ausführlich und detailliert ihre schwierige finanzielle Lage und bieten sogleich der Bank eine einmalige Zahlung zur Abgeltung sämtlicher Ansprüche an. Die Höhe der Einmalzahlung steht in keinem Verhältnis zur ausstehenden Restforderung. Dem Schreiben wird ein Verrechnungsscheck beigefügt oder aber auf einen solchen verwiesen und dieser separat zum Einzug gereicht. Ferner gibt der Schuldner zu verstehen, dass er damit die Angelegenheit als erledigt ansehe und auf eine Antwort der Bank verzichte. Es soll Banken gegeben haben, die daraufhin den Verrechnungsscheck widerspruchslos eingelöst haben. Die Rechtssprechung hierzu ist uneinheitlich: Einerseits sieht man hierin die Annahme eines Erlassvertrages, der wirksam ist, andererseits wurde die schuldnerische Erklärung als nicht ernstzunehmende Scherzerklärung bewertet.

Problem: Unerreichbarkeit der Gläubiger
Problematisch ist der Fall, wenn nicht alle Gläubiger des Schuldners erreichbar sind und an Gläubiger versandte Briefe als unzustellbar zurückkehren. Einerseits kann man schon dann den Plan als gescheitert ansehen, da der Schuldner die Zustimmung dieser Gläubiger nicht erfragen kann und sich also auch nicht mit ihnen einigen kann. Eine strengere Ansicht verlangt, es sei vom Schuldner wenigstens zu verlangen, dass er seine Zustellungsbemühungen bei der Antragstellung nach § 305 Abs. 1 Nr. 1 InsO darlegt.

III. Gerichtlicher Schuldenbereinigungsplan

Der gerichtliche Schuldenbereinigungsplan stellt nach dem zuvor Ausgeführten einen zweiten Versuch der gütlichen Einigung dar, der mit bzw. unmittelbar nach der Antragstellung angeboten wird.

Im gerichtlichen Schuldenbereinigungsplanverfahren wird die Position des Schuldners gestärkt, da eine Mehrheitsentscheidung zur Annahme des gerichtlichen Schuldenbereinigungsplans ausreicht und der Schuldner nicht mehr die Zustimmung sämtlicher Gläubiger benötigt.

Die Gläubigerzustimmung kann hier durch Gerichtsbeschluss ersetzt werden, § 309 InsO.

Schuldenbereinigungsplangläubiger sind Gläubiger des Eröffnungsverfahrens.

1. Einleitung des gerichtlichen Schuldenbereinigungsverfahrens

a) Antrag des Schuldners
Das gerichtliche Schuldenbereinigungsverfahren wird durch einen Antrag des Schuldners, gerichtet auf die Eröffnung eines Verbraucherinsolvenzverfahrens kraft Gesetzes eingeleitet. Dem Antrag hat der Schuldner den gerichtlichen Schuldenbereinigungsplan beizufügen, § 305 Abs. 1 S. 1 Nr. 4 InsO.

b) Antrag eines Gläubigers
Legt zuerst ein Gläubiger einen Antrag auf Eröffnung des Insolvenzverfahrens gegen den Schuldner ein und handelt es sich bei dem Schuldner um einen Verbraucher (vgl. § 304 InsO), so hat das Gericht dem Schuldner Gelegenheit zu geben, ebenfalls einen Insolvenzantrag zu stellen, § 306 Abs. 3 InsO. Ein solcher hat genauso ausgestaltet zu sein, wie ein alleiniger Antrag des Schuldners, muss also ebenfalls einen Schuldenbereinigungsplan enthalten.

Beachte: Die Planinitiative für einen gerichtlichen Schuldenbereinigungsplan liegt allein beim Schuldner.

Dem Schuldner steht es in dieser Konstellation also frei, selbst den entsprechenden Antrag zu stellen oder aber nach einem Insolvenzverfahren die Restschuldbefreiung in Anspruch zu nehmen.

Im Falle des Gläubigerantrags muss prinzipiell kein außergerichtliches Schuldenbereinigungsverfahren vorgeschaltet werden.

2. Inhalt des Antrags des Schuldners

a) Allgemeine Angaben
Zu den allgemeinen Angaben wird auf die Ausführungen zum Eigenantrag eines Schuldners zur Eröffnung eines Insolvenzverfahrens verwiesen.

b) Bescheinigung über den außergerichtlichen Schuldenbereinigungsversuch
Der Schuldner muss innerhalb der letzten sechs Monate erfolglos die Aufstellung eines außergerichtlichen Schuldenbereinigungsplans versucht haben. Das ein solcher Versuch stattfand, ist von "einer geeigneten Person oder Stelle" zu bescheinigen, § 305 Abs. 1 S. 1 Nr. 1 InsO. Wer als geeignete Person oder Stelle in Betracht kommt, bestimmt Landesrecht.[1] Rechtsanwälte, Notare, Steuerberater und Wirtschaftsprüfer sind regelmäßig als "geeignete Person oder Stelle" anzusehen. Geeignete Schuldnerbera-

---

[1] Beispiele: § 2 AGInsO Bbg; § 1 Abs. 1 AG InsO Berlin.

tungsstellen werden nur in zwei Ausführungsgesetzen ausdrücklich aufgeführt[2], ansonsten stellen die Regelungen für diese allgemeine Kriterien auf.

Der Bescheinigung sind zwingend beizufügen:

- der erfolglos gebliebene außergerichtliche Schuldenbereinigungsplan und
- eine Darlegung der Gründe des Scheiterns.

Es erweist sich als zweckmäßig, auch die Antwortschreiben der Gläubiger beizufügen.

Die Bescheinigung muss ihrem Inhalt nach einen ernsthaften Einigungsversuch wenigstens schlüssig ergeben, daher sind Ausführungen über die Art und Weise des Versuchs zu machen.[3]

c) Antrag auf Restschuldbefreiung

Schon hier muss sich der Schuldner entscheiden, ob er Restschuldbefreiung beantragen will, wenn auch das gerichtliche Schuldenbereinigungsverfahren scheitert. Anderenfalls muss er erklären, dass Restschuldbefreiung nicht beantragt werden soll. Die gesetzlichen Anforderungen an diesen Antrag sind zwingend zu beachten – das ergibt der in § 305 Abs. 1 S. 1 Nr. 2 InsO enthaltene Verweis auf § 287 InsO.

d) Vermögens- und Schuldenverzeichnis

Abermals sind dem Antrag beizufügen:

- ein Verzeichnis über das Vermögen und Einkommen des Schuldners
- ein Verzeichnis über die Gläubiger und der gegen den Schuldner gerichteten Forderungen.

Hier wird auf die Ausführungen unter II 1. in diesem Kapitel verwiesen.

Zudem ist eine Erklärung des Schuldners abzugeben, dass die in den Verzeichnissen enthaltenen Angaben vollständig und richtig sind.

Die Gläubiger sind hier auf eigene Kosten verpflichtet, dem Schuldner eine schriftliche Aufstellung ihrer Forderungen, aufgeschlüsselt nach Hauptforderung, Zinsen und Kosten abzuliefern, soweit der Schuldner allein nicht in der Lage ist ein Forderungsverzeichnis zu erstellen, § 305 Abs. 2 S. 2 InsO.

---

[2] § 1 S. 1 HmbgAGInso; §§ 1 Abs. 1 S. 1, 2 Abs. 1 Nr. 1 NdsAGInsO.

[3] Das Muster einer Bescheinigung ist zu finden in:Haarmeyer/Wutzke/Fäörster: Handbuch zur Insolvenzordnung, 3. Auflage, München, 2001, Kap. 10, Rn. 60, S. 1092.

Die Gläubiger können hierzu nicht gezwungen werden. Die Angaben, die der Schuldner dann ohne ihre Hilfe macht, müssen sie dann aber nach Zusendung überprüfen, § 307 Abs. 1 InsO. Sollte ein Gläubiger auch dies versäumen, kann er mit einer nicht aufgeführten Forderung nicht an der Planabstimmung teilnehmen. Bei Annahme des Plans erlischt die nicht aufgeführte Forderung, § 308 Abs. 3 S. 2 InsO. Streitige Forderungen, die zwar in das Gläubigerverzeichnis aufgenommen aber im Plan mit Null angesetzt sind, erlöschen durch die widerspruchslose Hinnahme durch den Gläubiger. Wird der Plan abgelehnt, bleibt die Forderung zunächst unberührt.
Fazit: Gläubiger, die o.g. Aufforderung nicht folgen, ersparen sich nur dann Kosten, wenn sie vom Schuldner keine Zahlungen mehr erwarten. Das kann insbesondere der Fall sein, wenn dieser im außergerichtlichen Schuldenbereinigungsverfahren einen Nullplan vorlegte. Anderenfalls wird die Nachlässigkeit gebüßt, da der Gläubiger das Forderungsverzeichnis kontrollieren und ggf. berichtigen muss.

e) (gerichtlicher) Schuldenbereinigungsplan

Form und Inhalt des Plans wurden schon oben erörtert. Zwingend sind gem. § 305 Abs. 1 Nr. 4 HS 2 InsO Angaben zur Behandlung von Sicherheiten zu machen. Weiterhin kann der Plan -wie der außergerichtliche- alle Regelungen enthalten, die unter Berücksichtigung der Gläubigerinteressen sowie der Vermögens-, Einkommens- und Familienverhältnisse des Schuldners geeignet sind, zu einer angemessenen Schuldenbereinigung zu führen. Auch hier gilt Vertragsfreiheit. Der Schuldner kann auch Vorschläge aus dem außergerichtlichen Schuldenbereinigungsverfahren erneut einbringen, auch wenn sie damals von allen Gläubigern abgelehnt wurden.

Zu den Sicherheiten muss hier Stellung genommen werden, da nach der Kürzung einer Forderung im gerichtlichen Schuldenbereinigungsplan (anders als im Restschuldbefreiungsverfahren, § 301 Abs. 2 InsO!) auch Sicherheiten nicht mehr in voller Höhe in Anspruch genommen werden können. Akzessorische Sicherheiten (Bürgschaften, Pfandrechte) erlöschen kraft Gesetzes; Hypotheken werden Eigentümergrundschulden (§§ 1163 Abs. 1 S. 2, 1177 Abs. 1 BGB). Bei abstrakten Sicherheiten erwirbt der Sicherungsgeber einen Freigabeanspruch.

f) Beibringungslast des Schuldners

Hat der Schuldner nicht sämtliche Erklärungen und Unterlagen für seinen Antrag mit Antragstellung abgegeben, so fordert ihn das Gericht auf, diese binnen Monatsfrist zu vervollständigen, § 305 Abs. 3 InsO. Der Fristlauf beginnt mit Zustellung dieser Ergänzungsaufforderung.

Beachte Rücknahmefiktion des § 305 Abs. 3 S. 2 InsO:
Der Antrag des Schuldners gilt als zurückgenommen, wenn er die erforderlichen Erklärungen und Unterlagen nicht vollständig und rechtzeitig beibringt. Damit ist dann auch das gerichtliche Schuldenbereinigungsverfahren beendet. Wiedereinsetzung in den vorigen Stand kommt wegen der Rücknahmefiktion nicht in Betracht.

3. Weiterer Verfahrensablauf

Bis zur Entscheidung über den gerichtlichen Schuldenbereinigungsplan ruht das Verfahren über die Eröffnung des Insolvenzverfahrens, § 306 Abs.1 S.1 InsO. Gem. § 306 Abs. 1 S. 2 InsO soll der Zeitraum des Ruhens eine 3-Monats-Frist nicht überschreiten.

Ferner hat das Gericht die Möglichkeit auch während dieser Ruhensphase Sicherungsmaßnahmen anzuordnen, §§ 306 Abs. 2, 21 InsO. Nicht in Betracht kommt jedoch die Möglichkeit des § 21 Abs. 2 Nr. 1 InsO – Einsetzung eines vorläufigen Insolvenzverwalters. Zwangsvollstreckungen gegen den Schuldner können jedoch weiter betrieben werden, da die Vollstreckungsverbote der §§ 89, 294 InsO erst mit Eröffnung des Insolvenzverfahrens einsetzen.

a) Vermittlungsverfahren
Kommt das Gericht zu dem Ergebnis, dass der vorgelegte Antrag mit dem gerichtlichen Schuldenbereinigungsplan den Anforderungen des § 305 InsO genügt, wird durch das Gericht nur der Schuldenbereinigungsplan zusammen mit dem Vermögensübersicht an die Gläubiger versandt, die der Schuldner im Gläubigerverzeichnis aufgeführt hat. Es wird von Amts wegen förmlich zugestellt, §§ 307 Abs. 1 S. 3, 8 Abs. 1 S. 1 InsO. Vermögens-, Gläubiger- und Forderungsverzeichnis werden nach der Neufassung des § 307 Abs. 1 Ins durch das InsOÄndG nicht mehr übersandt – die Gläubiger werden darauf hingewiesen, dass diese Dokumente beim Insolvenzgericht zur Einsicht niedergelegt sind.

Die in § 8 InsO vorgesehenen Zustellungserleichterungen finden im gerichtlichen Schulden-bereinigungsverfahren keine Anwendung, § 307 Abs. 1 S. 3 InsO. Auf eine Beglaubigung der zuzustellenden Schriftstücke kann nicht verzichtet werden, § 169 Abs. 2 ZPO. Auch die Zustellung an Gläubiger mit unbekanntem Aufenthalt ist notwendig und wird durch öffentliche Bekanntmachung (§ 185 ZPO) bewirkt.

Die Gläubiger werden bei der Zustellung durch das Gericht zudem aufgefordert, binnen einer Notfrist von einem Monat hierzu Stellung zu nehmen.

Der jeweilige Gläubiger erhält nicht gesamten schuldnerischen Antrag, sondern nur einen Auszug; der vollständige Antrag liegt im Gericht zur Einsicht aus, § 307 Abs.1 S.1 InsO. Eine umfassende Überprüfung der Schuldnerangaben ist ihnen daher unter Umständen schwer / gar nicht möglich. Die Notfrist eröffnet den Weg zur Wiedereinsetzung in den vorigen Stand nach den Regelungen der ZPO.

Die Gläubiger müssen über ihre Zustimmung zum Plan entscheiden und aktiv werden. Äußern sie sich nicht zum Plan, gilt ihr Schweigen als Zustimmung zum Schuldenbereinigungsplan, § 307 Abs.2 S.1 InsO.

b) Abstimmungsverfahren

Die Regelungen über das Abstimmungsverfahren schränken den Verhandlungsspielraum für die Gläubiger ein. Abgestimmt wird in einem schriftlichen Verfahren - §307 Abs. 1 S. 1 InsO verlangt von den Gläubigern eine "Stellungnahme". Bei Zustimmung kann des Gläubigers kann diese Stellungnahme eine einfache, formlose Einverständniserklärung sein (aber auch sein Schweigen wird als Zustimmung gewertet). Lehnt der Gläubiger den Plan ab, so sollte sich der Gläubiger auch zu den Ablehnungsgründen äußern oder ggf. einen Änderungsvorschlag machen – dies ist keine Pflicht aber zweckmäßig für die gerichtliche Einschätzung, ob dem Schuldner die Möglichkeit der Nachbesserung eingeräumt werden soll. Ablehnungen, die nach Fristablauf eingehen sind unbeachtlich.

Sind sämtliche Gläubiger einverstanden, ist der Plan angenommen, Schweigen wird als Einverständnis gewertet, s.o.

c) Erste Ablehnung

Bei ablehnenden Stellungnahmen ist dem Schuldner Gelegenheit zu geben, binnen einer vom Gericht festzusetzenden Frist den Plan zu ändern oder zu ergänzen, § 307 Abs. 3 InsO, sofern dem Gericht dies sinnvoll erscheint. Entscheidet es sich so, ist den Gläubigern der modifizierte Plan -soweit erforderlich- erneut zuzustellen, abermals verbunden mit der Aufforderung, binnen weiterer Notfrist von einem Monat hierzu Stellung zu nehmen, § 307 Abs. 3 Se. 2 und 3 InsO.

Beachte: Zwingend erforderlich ist eine Änderung / Ergänzung des gerichtlichen Schuldenbereinigungsplans dann, wenn Gläubiger im Forderungsverzeichnis bislang nicht enthaltene und im Schuldenbereinigungsplan nicht berücksichtigte Forderungen geltend machen. Insoweit ist die weitere Durchführung eines weiteren Abstimmungsverfahrens nach § 307 Abs. 3 S. 1 InsO zwingend erforderlich, da im Zweifel der Schuldner hierzu wegen bloßer Unkenntnis noch keine Angaben machen und die Forderung nicht in seinen Plan einbeziehen konnte.

d) Zweite Abstimmung

Es gilt wieder: Sind alle Gläubiger ausdrücklich einverstanden oder Schweigen, ist der Plan angenommen.

Wird kein einhelliges Einvernehmen über den (modifizierten) Schuldenbereinigungsplan erzielt, prüft das Gericht die Möglichkeit einer Ersetzung der Einwendungen der Gläubiger durch eine gerichtliche Zustimmung nach Maßgabe des § 309 InsO (sogleich ausgeführt).

Sind die Voraussetzungen dieser Ersetzung auch hinsichtlich des durch den Schuldner geänderten Schuldenbereinigungsplans nicht erfüllt, so ist das Schuldenbereinigungsverfahren endgültig gescheitert. Eine erneute Abänderung oder Ergänzung des Plans kommt nicht in Betracht. Unbenommen bleibt dem Schuldner aber, sich außergerichtlich mit den Gläubigern zu einigen, um die Eröffnung des Insolvenzverfahrens zu vermeiden.

Mitwirkung des Gerichts:

Das Gericht wacht fast ausschließlich über die Einhaltung der Verfahrensvoraussetzungen. Da eine mündliche Verhandlung nicht vorgesehen ist, kann das Gericht die Vergleichsbereitschaft der Beteiligten und das Zustandekommen einer einvernehmlichen Regelung durch schriftliche Hinweise und Vorschläge fördern.

e) Ersetzungsverfahren, § 309 InsO

Ein Ersetzungsverfahren nach § 309 InsO schon dann ***nicht*** in Betracht, wenn

- mehr als die Hälfte der Gläubiger den Schuldenbereinigungsplan abgelehnt hat
- oder die ablehnenden Gläubiger mehr als die Hälfte der Forderungen repräsentieren,

es also zu keiner Kopf- und Summenmehrheit hinsichtlich einer Planzustimmung kommt.

Generelle Voraussetzung für ein Ersetzungsverfahren ist also eine doppelte Mehrheit auf der Seite der zustimmenden Gläubiger hinsichtlich ihrer Kopfzahl und der Forderungshöhe, § 309 Abs. 1 S. 1 InsO ("Mindestquote").

Ist diese Mindestquote erreicht, kann das Insolvenzgericht auf Antrag des Schuldners oder eines Gläubigers die Zustimmung der widersprechenden Gläubiger ersetzen, sofern

- ablehnende Gläubiger jeweils im Verhältnis zu den anderen Gläubigern angemessen beteiligt sind (§ 309 Abs. 1 S. 2 Nr. 1 InsO) und
- jeweils durch den Schuldenbereinigungsplan wirtschaftlich nicht schlechter gestellt werden, als sie bei Erteilung der Restschuldbefreiung stünden (§ 309 Abs. 1 S. 1 Nr. 2 InsO).

f) Ausschluss der Ersetzung

Die Einwendung eines Gläubigers kann nicht ersetzt werden, wenn er Tatsachen glaubhaft macht, aus denen sich ernsthafte Zweifel in Bezug auf Bestand und Höhe der Forderungen anderer Gläubiger ergeben, sofern hiervon die Einschätzung der angemessenen Beteiligung abhängt, § 309 Abs. 3 InsO. Ausgeschlossen ist auch die Ersetzung der Zustimmung eines Gläubigers, dessen Forderung aus einer vorsätzlich begangenen unerlaubten Handlung des Schuldners stammt, vgl. § 302 InsO.

Letzteres betrifft vor allem Forderungen von Krankenkassen gegen ehemalige Arbeitgeber wegen vorsätzlich vorenthaltener Arbeitnehmeranteile zur Sozialversicherung (§§ 823 Abs. 2 BGB, 266a Abs. 1 StGB) und Forderungen der Finanzämter wegen hinterzogener Steuern (§ 370 AO).

g) Exkurs*:*

Zustimmungsersetzung durch das Gericht bei einem Null-Plan

Problematisch ist hier, dass einzelnen Gläubigern ihre Forderungen vollständig und gegen ihren Willen durch hoheitlichen Akt entzogen werden, wenn mehr als die Hälfte der anderen Gläubiger mit mehr als die Hälfte der Summe der Ansprüche einem vollständigen Verzicht zustimmt.

Aber:

In Bezug auf eine Null-Prognose verschlechtert sich die Position dieser Gläubiger auch durch eine Zustimmung (wahrscheinlich) nicht. Diese Ansicht ist sehr umstritten. Andererseits wird angeführt, dass eine Zustimmungsersetzung zu einer unangemessenen Entlastung des Schuldners führe. Diesem werde bei Zustimmungsersetzung eine Restschuldbefreiung ohne jede eigene Leistungspflicht und ohne im Restschuldbefreiungsverfahren sanktionsbewährte Obliegenheiten während einer sechsjährigen Wohlverhaltensphase (§ 295 InsO!) zugesprochen. Die Rechtssprechung und die Lehre sind hier zweigeteilt.

Hinsichtlich eines flexiblen Null-Plans scheinen Gerichte die Zustimmungsersetzung überwiegend wohl nicht von vornherein für ausgeschlossen.

-Exkurs Ende-

h) Fortgang des Verfahrens

Lehnt die Mehrheit der Gläubiger den gerichtlichen Schuldenbereinigungsplan ab oder wird die Zustimmung widersprechender Gläubiger nicht durch das Gericht ersetzt, so nimmt das Insolvenzverfahren als vereinfachtes Verfahren nach § 311 InsO von Amts wegen seinen Lauf.

Bei Annahme des Plans stellt das Gericht das Abstimmungsergebnis durch Beschluss fest. Mit der Annahme des Plans haben sich die Anträge auf Eröffnung des Insolvenzverfahrens und auf Erteilung der Restschuldbefreiung erledigt und gelten las zurückgenommen, § 308 Abs. 2 InsO.

Ein Anspruch auf Kostenerstattung, die Gläubigern im Zusammenhang mit dem Schuldenbereinigungsplan entstehen, wird denen nicht zugebilligt, § 310 InsO.

Ggf. angeordnete Sicherungsmaßnahmen sind aufzuheben.

Der angenommene Schuldenbereinigungsplan hat die Wirkung eines Vergleichs, so dass die Forderungen der Gläubiger nur noch in der Höhe und in den Zeitpunkten geltend gemacht werden können, wie es der Schuldenbereinigungsplan vorsieht. Sicherheiten werden frei, wie sie nicht für noch bestehende Teile der Forderungen bestimmt sind.

i) Verzug mit der Planerfüllung

Wenn der Schuldner die im Plan verbliebenen Forderungen nicht planmäßig begleicht, kann es wiederum zu einem Insolvenzverfahren kommen. Eine Parallele zur 10-Jahres-Frist hinsichtlich der erneuten Durchführung eines Restschuldbefreiungsverfahrens (§ 290 Abs. 1 Nr. 3 InsO) gibt es nicht.

j) Aufhebung des Plans

Da der Plan die Wirkung eines Vergleichs besitzt, kann er nach den Regeln, die für jeden Prozessvergleich gelten, beseitigt werden. Er ist unwirksam, wenn der nach dem Inhalt des Vergleichs als feststehend zu Grunde gelegte Sachverhalt der Wirklichkeit nicht entspricht und der Streit oder die Ungewissheit bei Kenntnis der Sachlage nicht entstanden sein würde, § 779 Abs. 1 BGB.

k) Vollstreckbarkeit des Plans

Der angenommene gerichtliche Schuldenbereinigungsplan hat die Wirkung eines Vergleichs i.S.v. § 794 Abs. 1 Nr. 1 ZPO, § 308 Abs. 1 S. 2 InsO. Den Vollstreckungstitel bildet der Beschluss des Gerichts in Verbindung mit einem Auszug aus dem Schuldenbereinigungsplan. Vollstreckbarkeit ist aber nur gegeben, wenn der Plan die Zahlung einer bestimmten Geldsumme vorsieht. Es kann also nur aus Plänen vollstreckt werden, in den sich der Schuldner / ein Dritter zu einer einmaligen Geldleistung oder zur Zahlung betragsmäßig von vornherein vereinbarter, feststehender Raten verpflichtet.

L. Das Verbraucherinsolvenzverfahren (allgemeine Übersicht)

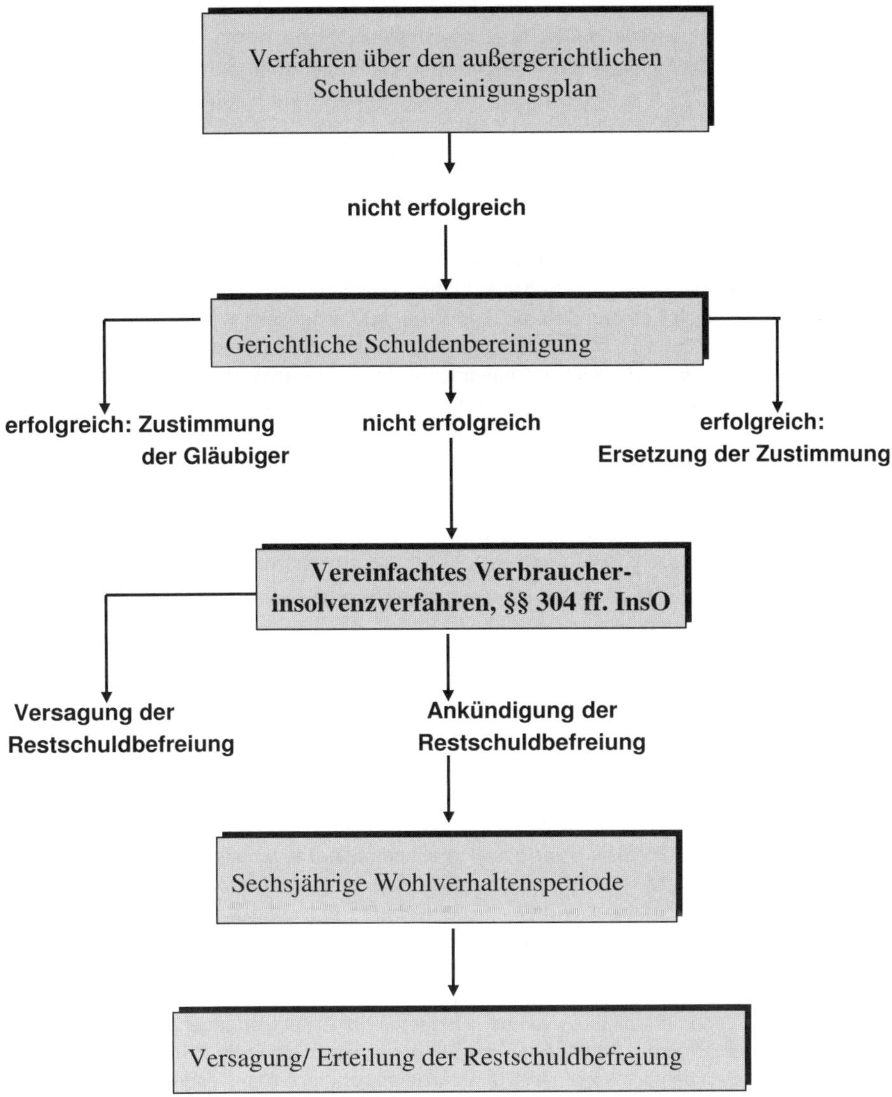

Fall (Der clevere Schuldenbereinigungsplan)

Im gerichtlichen Schuldenbereinigungsplan des IS (vgl. § 305 Abs. 1 Nr. 4 InsO) sind alle streitigen Forderungen mit dem Wert „null“ angegeben worden, obgleich diese tatsächlich bestanden. Der Plan wurde gemäß § 307 Abs. 1 InsO allen Insolvenzgläubigern zugestellt, woraufhin sich die Gläubiger der streitigen Forderungen innerhalb des darauffolgenden Monats nicht bei dem Insolvenzgericht gemeldet haben. Nach Annahme des Plans, wollen nun die Gläubiger G1 bis G3, die Inhaber der streitigen Forderungen sind, vollauf befriedigt werden, da sie dem Plan nicht zugestimmt hätten. G4, ebenfalls Inhaber einer streitigen Forderung, will dagegen gegen den selbstschuldnerischen Bürgen des IS vorgehen. Wie ist die Rechtslage?

Lösungsvorschlag

1) Zu G1 bis G3:

Die Gläubiger haben einen Anspruch auf Zahlung ihrer Forderungen, sofern diese nicht erloschen sind. In Betracht kommt ein Erlöschen kraft Annahme des Schuldenbereinigungsplans, nach dem die streitigen Forderungen mit dem Wert „null“ eingesetzt wurden und mithin erloschen wären, § 308 Abs. 1 i.V.m. Abs. 3 InsO. Zu prüfen ist daher, ob der Plan angenommen worden ist. Er könnte deshalb nicht angenommen worden sein, weil G1 bis G3 den Plan nicht ausdrücklich zugestimmt haben, nachdem er ihnen gem. § 307 Abs. 1 InsO zugestellt wurde. Allerdings könnte die Annahme nach § 307 Abs. 2 InsO erfolgt sein. Danach gilt die Annahme als erteilt, sofern sich die Gläubiger nicht innerhalb der Notfrist von einem Monat ihre Stellungnahme abgegeben haben. So liegt es hier, da G1 bis G3 sich im auf die Zustellung folgenden Monat nicht bei dem Gericht gemeldet haben. G1 bis G3 haben auch keine Wiedereinsetzung in den vorigen Stand beantragt. Dieser Rechtsbehelf hätte ihnen nach §§ 4 InsO, 233 ZPO gegen die Notfrist des § 307 Abs. 1 InsO zugestanden. Daher ist der Schuldenbereinigungsplan nach § 307 Abs. 2 InsO angenommen worden. Nach § 308 Abs. 1 i.V.m. Abs. 3 InsO sind ihre Forderungen gegen IS erloschen.

2) Zu G4:

Die Forderung des G4 gegen IS ist damit ebenfalls erloschen. Fraglich ist aber, ob die Forderung des G4 gegen den selbstschuldnerischen Bürgen nach wie vor besteht. Anders als im Restschuldbefreiungsverfahren (gem. § 301 Abs. 2 InsO) und im Insolvenzplanverfahren (gem. § 254 Abs. 2 InsO), gibt es im Verbraucherinsolvenzverfahren keine Spezialregelung zu Rechten der Insolvenzgläubiger gegen Mitschuldner und Bürgen des Schuldners. Fraglich ist, ob § 301 Abs. 2 InsO und § 254 Abs. 2 InsO analog auf den Schuldenbereinigungsplan angewandt werden können. Dagegen spricht jedoch, dass es an einer Sonderregelung nach den §§ 304 InsO gerade fehlt, so dass von einer planwidrigen Regelungslücke als Voraussetzung des Analogieschlusses nicht gesprochen werden kann. Zum anderen sind die streitigen Forderungen bereits durch die Annahme des Schuldenbereinigungsplans gem. § 308 Abs. 1 i.V.m. Abs. 3 InsO erloschen (siehe oben 1). Daher müssen auch die Forderungen erloschen sein, die nur akzessorisch, also nur abhängig von der Forderung der Gläubiger gegen IS sind. Eine solche akzessorische Forderung ist diejenige des G4 gegen den Bürgen des IS (vgl. § 770 Abs. 1 BGB). Damit hat G4 nach der Annahme des Schuldenbereinigungsplans auch keinen Anspruch mehr gegen den Bürgen des IS.

Stichwortverzeichnis

Notizen

Notizen

Notizen